Dr. Oetker

Schnell & einfach

Die schnellsten Gerichte, leicht gemacht!

Dr. Oetker

Schnell & einfach

Die schnellsten Gerichte, leicht gemacht!

Dr. Oetker Verlag

Schnell und einfach!

Sie meinen, selber kochen dauert zu lange, haben aber keine Lust mehr auf Tütensuppe oder Lieferservice? Hier kommt die Lösung.

Mit nur 30 Minuten Zubereitungszeit schaffen Sie es, Ihre Familie gesund und ausgewogen zu ernähren, ohne selber stundenlang in der Küche stehen zu müssen. Wie immer sind alle Gerichte ausprobiert und so beschrieben, dass sie garantiert gelingen.

Abkürzungen

EL	=	Esslöffel
TL	=	Teelöffel
Msp.	=	Messerspitze
Pck.	=	Packung/Päckchen
g	=	Gramm
kg	=	Kilogramm
ml	=	Milliliter
l	=	Liter
evtl.	=	eventuell
geh.	=	gehäuft
gestr.	=	gestrichen
TK	=	Tiefkühlprodukt
°C	=	Grad Celcius
Ø	=	Durchmesser

Kalorien-/Nährwertangaben

E	=	Eiweiß
F	=	Fett
Kh	=	Kohlenhydrate
kJ	=	Kilojoule
kcal	=	Kilokalorie

Hinweise zu den Rezepten

Lesen Sie bitte vor der Zubereitung – besser noch vor dem Einkaufen – das Rezept einmal vollständig durch. Oft werden Arbeitsabläufe oder -zusammenhänge dann klarer. Die Rezepte sind, wenn nicht anders angegeben, für 4 Portionen berechnet.

Die Zutaten sind in der Reihenfolge ihrer Bearbeitung aufgeführt. Die Arbeitsschritte sind einzeln hervorgehoben, in der Reihenfolge, in der sie von uns ausprobiert wurden.

Backofeneinstellung

Die in den Rezepten angegebenen Backtemperaturen und -zeiten sind Richtwerte, die je nach individueller Hitzeleistung des Backofens über- oder unterschritten werden können. Bitte beachten Sie deshalb bei der Einstellung des Backofens die Gebrauchsanweisung des Herstellers.

Zubereitungszeiten

Die Zubereitungszeit beinhaltet nur die Zeit für die eigentliche Zubereitung, die Backzeiten sind gesondert ausgewiesen. Längere Wartezeiten wie z. B. Kühlzeiten sind ebenfalls nicht mit einbezogen.

Snacks *Seite 8 – 23*

Salate *Seite 24 – 59*

Suppen *Seite 60 – 95*

Fleisch *Seite 96 – 131*

Geflügel *Seite 132 – 143*

Fisch *Seite 144 – 173*

Pasta *Seite 174 – 191*

Wok *Seite 204 – 225*

Gemüse *Seite 192 – 203*

Desserts *Seite 226 – 235*

Räucherlachs-Früchte-Spießchen

Da darf man mit den Händen essen

8 Stück – Zubereitungszeit: 20 Minuten

3	Kiwis
2	rote Äpfel
etwas	Ananassaft (aus der Dose)
4	Ananasringe (aus der Dose)
300 g	Naturjoghurt
2 TL	geriebener Meerrettich
	Salz
	frisch gemahlener Pfeffer
16	
Scheiben	Räucherlachs (etwa 480 g)

Außerdem:

8	Schaschlikspieße

Pro Stück:

E: 13 g, F: 5 g, Kh: 12 g,
kJ: 668, kcal: 159

1. Kiwis schälen, längs halbieren und in nicht zu dünne Scheiben schneiden.

2. Äpfel waschen, abtrocknen, halbieren und entkernen. Äpfel vierteln und mit Ananassaft beträufeln, damit die Schnittflächen nicht braun werden. Ananasringe in mundgerechte Stücke schneiden.

3. Joghurt in eine Schüssel geben, mit Meerrettich verrühren und mit Salz und Pfeffer würzen.

4. Lachs zu Röllchen formen und abwechselnd mit den vorbereiteten Früchten auf Spieße stecken. Dazu den Joghurt-Dip reichen.

Tipp: Räucherlachs-Früchte-Spieße mit frisch gemahlenem Pfeffer würzen. Nach Belieben können die Spieße noch kleiner angerichtet werden, dann die Zutaten auf Holzspießchen stecken. Den Lachs vor dem Einrollen mit Meerrettichsahne bestreichen.

Variante: Forellenfilet-Orangen-Spieße: 4 geräucherte Forellenfilets eventuell entgräten, jedes Filet in 3 Stücke schneiden. Die Fischstücke mit filetierten Orangenspalten und kernlosen Weintrauben auf 12 Holzspießchen stecken. Dazu schmeckt auch der Joghurt-Dip von den Räucherlachs-Früchte-Spießchen.

Austernpilz-Avocado-Carpaccio

Vegetarisch genießen

4 Portionen – Zubereitungszeit: 30 Minuten

50 g	Pinienkerne
3	Tomaten
	Saft von
1/2	Limette
	Salz
	frisch gemahlener Pfeffer
3 EL	Olivenöl
2	reife Avocados
1	Zwiebel
1	Knoblauchzehe
400 g	Austernpilze
2 EL	Olivenöl
1/2 Topf	Basilikum

Pro Portion:
E: 8 g, F: 39 g, Kh: 5 g,
kJ: 1661, kcal: 397

1. Pinienkerne in einer Pfanne ohne Fett anrösten und auf einem Teller erkalten lassen. Tomaten waschen, halbieren und die Stängelansätze herausschneiden. Tomaten fein würfeln. Tomatenwürfel mit Limettensaft verrühren, mit Salz und Pfeffer würzen und Öl unterrühren.

2. Avocados halbieren, entsteinen, schälen und das Fruchtfleisch in feine Spalten schneiden. Einen großen Teller fächerförmig damit auslegen und die Spalten sofort mit der Tomaten-Vinaigrette beträufeln.

3. Zwiebel und Knoblauch abziehen und fein hacken. Austernpilze putzen, eventuell mit Küchenpapier abreiben. Große Pilze halbieren oder vierteln.

4. Öl in einer Pfanne erhitzen und Zwiebel und Knoblauch darin andünsten. Pilze portionsweise darin anbraten, mit Salz und Pfeffer würzen und dann auf den Avocadospalten anrichten. Basilikum abspülen, trocken tupfen und die Blättchen abzupfen. Carpaccio mit Basilikum und den angerösteten Pinienkernen anrichten.

Aufschnitt in Radieschen-Vinaigrette

Einfach und gut vorzubereiten

4–6 Portionen – Zubereitungszeit: 30 Minuten

1 Bund	Radieschen (etwa 200 g)
2 Pck.	Gartenkresse
1 EL	mittelscharfer Senf
3 EL	milder Weißweinessig
	Salz
	frisch gemahlener Pfeffer
8 EL	Olivenöl
1 Bund	Schnittlauch
250 g	Rinderbratenaufschnitt
250 g	Schweinebratenaufschnitt

Pro Portion:

E: 29 g, F: 26 g, Kh: 1 g,
kJ: 1467, kcal: 350

1. Radieschen putzen, Grün und Wurzelenden abschneiden. Radieschen waschen, abtropfen lassen, fein hacken und in eine Schüssel geben.

2. Kresse abspülen, trocken tupfen und abschneiden. Senf mit Essig verrühren, die Hälfte der Kresse unterrühren, mit Salz und Pfeffer würzen. Öl unterrühren. Vinaigrette mit gehackten Radieschen vermischen.

3. Schnittlauch abspülen, trocken tupfen und in kleine Röllchen schneiden. Bratenaufschnitt auf einer großen Platte anrichten und mit der Radieschen-Vinaigrette beträufeln. Schnittlauchröllchen und restliche Kresse darauf streuen.

Tipp: Statt Rinder- und Schweinebratenaufschnitt eignet sich auch Kalb- oder Geflügelfleischaufschnitt.

Beilage: Vollkornbaguette.

Olivencocktail
Das schmeckt nach Sommer

4 Portionen – Zubereitungszeit: 20 Minuten

100 g	frische Champignons
1–2 EL	Zitronensaft
150 g	Gouda
1 Glas	Spargelspitzen (Abtropfgewicht 175 g)
100 g	schwarze Oliven ohne Stein

Für die Sauce:

1 EL	Weißweinessig
1 TL	mittelscharfer Senf
4 EL	Schlagsahne
2 EL	Olivenöl
2 EL	gemischte, gehackte Kräuter, z. B. Petersilie, Dill, Schnittlauch
	Salz
	frisch gemahlener Pfeffer
etwa 8	Kopfsalatblätter

1. Champignons putzen, mit Küchenpapier abreiben, eventuell abspülen und gut abtropfen lassen. Champignons in Scheiben schneiden und mit Zitronensaft beträufeln.

2. Den Käse in feine Stifte schneiden. Spargelspitzen auf einem Sieb abtropfen lassen. Oliven mit Champignons, Käse und Spargelspitzen vermischen.

3. Für die Sauce Essig mit Senf und Sahne verrühren. Öl unterschlagen, Kräuter unterrühren und mit Salz und Pfeffer abschmecken. Salatblätter abspülen, trocken tupfen und etwas kleiner zupfen.

4. Vier Gläser mit den Salatblättern auslegen. Olivenmischung hineingeben und mit der Sauce beträufeln.

Tipp: Man kann auch Tiefkühlkräuter verwenden.

Pro Portion:
E: 12 g, F: 28 g, Kh: 3 g,
kJ: 1327, kcal: 317

Französisches Landbrot mit Lachstatar

Besonders schnell und lecker

10 Stück – Zubereitungszeit: 20 Minuten

20 Min.

5 Scheiben	Französisches Landbrot oder 10 Scheiben Ciabatta-Brot
8 EL	Olivenöl
2	Frühlingszwiebeln
250 g	geräucherter Lachs
1 EL	Olivenöl
einige Tropfen	Zitronensaft frisch gemahlener Pfeffer
100 g	Doppelrahm-Frischkäse
2–3 EL	Milch
1–2 Stängel	Dill

Pro Stück:

E: 8 g, F: 12 g, Kh: 16 g,
kJ: 870, kcal: 208

1. Landbrotscheiben halbieren. Olivenöl in einer großen Pfanne erhitzen und die Brotscheiben in 2 Portionen darin von beiden Seiten knusprig braten.

2. Frühlingszwiebeln putzen, waschen, abtropfen lassen und in feine Ringe schneiden. Lachs in kleine Würfel schneiden.

3. Lachswürfel mit Frühlingszwiebelringen mischen. Olivenöl unterrühren und mit Zitronensaft und Pfeffer abschmecken.

4. Lachstatar auf den Brotscheiben verteilen und mit einer Gabel etwas andrücken. Frischkäse mit Milch verrühren und kleine Tupfen auf den Tatarbelag setzen.

5. Dill abspülen und trocken tupfen. Die Spitzen von den Stängeln zupfen und die Schnittchen damit garnieren.

Knoblauchschnittchen mit Garnelen

Das schmeckt nach Urlaub

10 Stück – Zubereitungszeit: 20 Minuten

1	Bio-Limette (unbehandelt)
1 Bund	Petersilie
3	Knoblauchzehen
140 g	Mayonnaise
1	kleines Baguette (etwa 400 g)
6 EL	Speiseöl, z. B. Rapsöl
10	große, gegarte Garnelen, in Knoblauch eingelegt
10	kleine Salatblätter, z. B. Kopfsalat

Pro Stück:

E: 3 g, F: 18 g, Kh: 11 g,
kJ: 909, kcal: 217

1. Limette heiß abwaschen, abtrocknen und halbieren. Eine Hälfte in 5 Scheiben schneiden, diese nochmals halbieren und zum Garnieren beiseitelegen. Zweite Limettenhälfte auspressen.

2. Petersilie abspülen und trocken tupfen. Die Blättchen von den Stängeln zupfen und fein hacken. Knoblauch abziehen. Eine Zehe in feine Würfel schneiden und mit Mayonnaise, Limettensaft und Petersilie verrühren.

3. Restliche Knoblauchzehen in dünne Scheiben schneiden. Baguette in 10 Scheiben schneiden. Öl mit den Knoblauchscheiben in einer Pfanne erhitzen und die Baguettescheiben, eventuell portionsweise, darin von beiden Seiten knusprig braten.

4. Garnelen abtropfen lassen. Salatblätter waschen und trocken tupfen. Jedes Knoblauchschnittchen mit einem Salatblatt belegen. Darauf die Mayonnaisemischung geben und die Knoblauchgarnelen drauflegen.

5. Knoblauchschnitten mit den beiseite gelegten Limettenscheiben garniert servieren.

Tipp: Frische Garnelen selbst in Knoblauchöl braten.

18

Zwiebelkuchen-Häppchen

Schneller Genuss für zwischendurch

16–18 Stück
Zubereitungszeit: 20 Minuten – Backzeit: etwa 10 Minuten je Backblech

1 Pck.	Pizza-Fertigteig (230 g, Ø etwa 32 cm, aus dem Kühlregal)
1 Beutel	Zwiebelsuppe
250 g	Schmand
100 g	Schafskäse

Pro Portion:
E: 2 g, F: 6 g, Kh: 9 g,
kJ: 425, kcal: 100

1. Den Backofen vorheizen. Den Pizzateig aus der Packung nehmen, auf die Arbeitsfläche legen und Kreise (Ø etwa 7 cm) ausstechen. Die Teigreste zusammenkneten, nochmals ausrollen und weitere Kreise ausstechen. Die Teigkreise auf Backbleche (mit Backpapier belegt) legen.

2. Zwiebelsuppenpulver und Schmand verrühren und auf die Teigkreise streichen.

3. Schafskäse in Würfel schneiden oder mit einer Gabel zerdrücken und auf der Schmandmasse verteilen. Die Backbleche nacheinander (bei Heißluft zusammen) in den vorgeheizten Backofen schieben.

Ober-/Unterhitze: etwa 220 °C
Heißluft: etwa 200 °C
Backzeit: etwa 10 Minuten je Backblech.

4. Die Zwiebelkuchen-Häppchen heiß oder kalt servieren.

Variante: Sie können den Belag auch ohne Zwiebelsuppe zubereiten. Dazu 200–250 g mittelgroße Zwiebeln abziehen, in Scheiben schneiden und in Ringe teilen. Die Zwiebelringe in 2 Esslöffeln Olivenöl etwa 5 Minuten zugedeckt dünsten (die Zwiebelringe sollen nicht braun werden) und abkühlen lassen. Die Zwiebelringe mit 2 gehäuften Esslöffeln Schmand verrühren und mit Salz, Pfeffer und Paprikapulver edelsüß würzen. Die Masse auf den Teigplatten verteilen und mit dem Schafskäse bestreuen.

Pilz-Bruschetta

Enthält Alkohol

4 Portionen – Zubereitungszeit: 15 Minuten – Garzeit: etwa 15 Minuten

200 g	frische Steinpilze (ersatz- weise Pfifferlinge oder rosé Champignons)
1	Schalotte
20 g	getrocknete Tomaten
8 Scheiben	Ciabatta (italienisches Weizenbrot) oder Baguette
2 EL	Olivenöl
etwas	frischer oder ¹/2 TL ge- trockneter Majoran
125 ml (¹/8 l)	trockener Weißwein
50 g	Schlagsahne
	Salz
	frisch gemahlener Pfeffer

Pro Portion:

E: 3 g, F: 9 g, Kh: 3 g,
kJ: 542, kcal: 129

1. Steinpilze putzen und mit Küchenpapier abrei- ben, eventuell kurz abspülen und gut abtropfen lassen. Pilze in dünne Stücke schneiden. Schalotte abziehen und in Würfel schneiden. Tomaten in feine Streifen schneiden. Brotscheiben in einer Pfanne anrösten oder toasten.

2. Olivenöl in einer Pfanne erhitzen. Schalotte, Majoran und Pilze in die Pfanne geben und anbraten. Getrocknete Tomaten dazugeben, kurz mit andünsten und dann Wein und Sahne dazu- gießen. Alles etwa 10 Minuten unter gelegent- lichem Rühren dünsten, bis die meiste Flüssigkeit verdampft ist. Pilzmischung mit Salz und Pfeffer abschmecken.

3. Pilzmischung etwas abkühlen lassen, auf den knusprigen Brotscheiben verteilen und sofort servieren.

Variante: Tomaten-Bruschetta: 5 enthäutete, entkernte Tomaten fein würfeln, mit 1 fein gewür- felten Knoblauchzehe, 1 Esslöffel fein gehackten Basilikumblättchen und 3 Esslöffeln Olivenöl verrühren, mit Salz und Pfeffer würzen. 8 große Baguettescheiben in einer Pfanne rösten und die Tomatenmischung darauf verteilen. Bruschetta mit Basilikumblättchen garniert sofort servieren.

Tipp: Pilz-Bruschetta mit frischen Kräutern, z. B. Petersilie garnieren.

Möhren-Mozzarella-Salat

Das schmeckt auch Kindern

4 Portionen – Zubereitungszeit: 30 Minuten

2 EL	Pinienkerne
1 kg	junge Möhren mit Grün
1	Bio-Zitrone (unbehandelt)
5–6 Stängel	Thymian
1 EL	Butter
3 EL	Distelöl
	Salz
	frisch gemahlener Pfeffer
1 TL	flüssiger Honig
2–3 EL	Apfelessig
300 g	Mini-Mozzarella-Kugeln
1 EL	Pesto (aus dem Glas)
einige	frische Basilikumblätter

Pro Portion:

E: 18 g, F: 33 g, Kh: 13 g,
kJ: 1792, kcal: 429

1. Pinienkerne in einer Pfanne ohne Fett hellbraun rösten und erkalten lassen.

2. Möhren putzen, dabei etwas frisches Grün stehen lassen. Möhren eventuell schälen oder gründlich abbürsten, abspülen und abtropfen lassen. Möhren der Länge nach, je nach Dicke, halbieren oder vierteln.

3. Zitrone heiß waschen, abtrocknen und etwa die Hälfte der Schale fein abreiben. Zitrone halbieren und auspressen. Thymian abspülen und trocken tupfen. Butter und Öl in einer großen Pfanne erhitzen und Möhren mit Thymian darin unter Wenden andünsten, mit Zitronensaft und -schale, Salz und Pfeffer würzen. Möhren bei schwacher Hitze 7–9 Minuten dünsten.

4. Honig mit Essig verrühren und die Möhren damit beträufeln.

5. Mozzarella-Kugeln abtropfen lassen und mit Pesto und den Möhren mischen. Basilikum abspülen und trocken tupfen. Salat mit Pinienkernen bestreut und Basilikum garniert servieren.

Tipp: Reichen Sie Ciabatta dazu. Falls Sie keine Mini-Mozzarella-Kugeln erhalten, schneiden Sie 250 g Mozzarella in Würfel.

Variante: Statt Möhren schmeckt auch gegarter grüner Spargel auf diese Art köstlich.

Käsesalat mit Putenbrust

Gut vorzubereiten für Picknick oder Büro

4 Portionen – Zubereitungszeit: 30 Minuten

400 g	Emmentaler Käse in Scheiben
300 g	Putenbrustaufschnitt
1 Bund	Radieschen
1 gelbe	Paprikaschote
1 kleine	
Stange	Porree (Lauch)

Für die Vinaigrette:

50 ml	Rotweinessig
	Salz
	frisch gemahlener Pfeffer
1 Prise	Zucker
5 EL	Sonnenblumenöl
35 g	Sonnenblumenkerne

1. Käse in schmale Streifen schneiden und in eine Schüssel geben. Putenbrust ebenfalls in feine Streifen schneiden.

2. Radieschen putzen, waschen, abtropfen lassen und vierteln. Paprikaschote halbieren, entstielen, entkernen und die weißen Scheidewände entfernen. Schote waschen, abtropfen lassen und in Streifen schneiden. Porree putzen, die Stange längs halbieren, waschen, gut abtropfen lassen und in sehr feine Streifen schneiden.

3. Für die Vinaigrette Essig mit Salz, Pfeffer und Zucker verrühren. Öl unterschlagen. Putenbrust und Gemüse unter den Käse mischen. Den Salat mit Sonnenblumenkernen bestreuen und die Vinaigrette über den Salat träufeln.

Pro Portion:

E: 48 g, F: 49 g, Kh: 5 g,
kJ: 2735, kcal: 653

Pikanter Käsesalat

Perfekt kombiniert – Käse mit Weintrauben

4 Portionen – Zubereitungszeit: 20 Minuten

2 EL	abgezogene Mandeln

Für die Vinaigrette:

3 EL	Apfelessig
2 EL	Apfel- oder Orangensaft
1 Prise	Zucker
	Salz
	frisch gemahlener Pfeffer
1/2 TL	mittelscharfer Senf
1 TL	geriebener Meerrettich (aus dem Glas)
3 EL	Sonnenblumenöl
2 EL	Mandelöl
6	getrocknete Soft-Aprikosen

Für den Salat:

300 g	kernlose blaue Weintrauben
250 g	Emmentaler am Stück
250 g	mittelalter Gouda am Stück
2 Kolben	roter oder bunter Chicorée
150 g	Radicchio

Pro Portion:

E: 34 g, F: 60 g, Kh: 23 g,
kJ: 3218, kcal: 768

1. Mandeln in einer Pfanne ohne Fett goldbraun rösten, herausnehmen und erkalten lassen.

2. Für die Vinaigrette Essig mit Saft, Zucker, Salz, Pfeffer, Senf und Meerrettich in einer Schüssel verrühren. Ölsorten unterschlagen. Aprikosen in feine Streifen schneiden und unter die Vinaigrette rühren.

3. Für den Salat Weintrauben waschen, trocken tupfen und halbieren. Beide Käsesorten in Würfel schneiden.

4. Von Chicorée und Radicchio die äußeren Blätter entfernen. Chicorée und Radicchio waschen und gut abtropfen lassen. Chicorée halbieren und die Strünke herausschneiden. Salate in mundgerechte Stücke schneiden. Salatzutaten miteinander mischen und in Portionsschälchen anrichten. Salat mit der Vinaigrette beträufeln.

Tipp: Milder hochwertiger Apfelessig wird aus Apfelwein hergestellt und hat ein ausgeprägtes Apfelaroma. Der hochwertige, leicht süßlich-aromatische Essig sollte möglichst in dunklen Flaschen (schon beim Kauf ein Qualitäts-Merkmal) aufbewahrt werden, die Schutz vor Sauerstoff- und Lichteinwirkung bieten, da diese das Aroma verändern können und die Haltbarkeit reduzieren.

Harzer-Käse-Salat mit Curry-Vinaigrette

Exotischer Genuss extra leicht

4 Portionen – Zubereitungszeit: 20 Minuten

Für die Curry-Vinaigrette:

3 EL	Sherry-Essig
1 Prise	Zucker
1/2 TL	Currypulver
2 EL	Kürbiskernöl
3–4 EL	Distel- oder
	Sonnenblumenöl
	Salz
	frisch gemahlener Pfeffer

400 g	Harzer Käse
1 Bund	Radieschen
2	rote Zwiebeln
4	mittelgroße Tomaten
1 kleiner	
Kopf	Frisée-Salat
50 g	Radieschensprossen

Pro Portion:
E: 32 g, F: 13 g, Kh: 6 g,
kJ: 1175, kcal: 281

1. Für die Vinaigrette Essig mit Zucker und Curry verrühren. Beide Ölsorten unterschlagen und mit Salz und Pfeffer abschmecken.

2. Käse in Scheiben schneiden. Radieschen putzen, abspülen, abtropfen lassen und in Scheiben schneiden. Zwiebeln abziehen, halbieren und in feine Ringe schneiden. Tomaten waschen, abtrocknen, halbieren und die Stängelansätze herausschneiden. Tomaten in Spalten schneiden.

3. Salat putzen und welke äußere Blätter entfernen. Salat abspülen, abtropfen lassen oder trocken schleudern und in mundgerechte Stücke zupfen. Sprossen verlesen, abspülen und gut abtropfen lassen.

4. Radieschenscheiben, Tomatenachtel, Zwiebelringe und Salat mischen und auf Tellern verteilen. Käsescheiben und Sprossen darauf anrichten. Die Curry-Vinaigrette zum Salat reichen.

Tipp: Servieren Sie Vollkornbrot mit Nüssen dazu. Wem der Geschmack von Sauermilchkäse zu intensiv ist, verwendet für diesen Salat milden Bergkäse. Der herzhafte Sauermilchkäse Harzer (auch Korb- oder Mainzer Handkäse genannt) mit seinem z. T. scharfen Geschmack und kräftigen Duft wird vor allem von Käse-Kennern geschätzt. Der fett- und daher recht kalorienarme Käse wird auch häufig mit Kümmel oder weißem Edelschimmel angeboten. Optimal gelagert wird er bei einer Temperatur von etwa 8 °C, da er dann reifen kann. Eine klassische Vinaigrette im Verhältnis 1 Teil Essig, 2 Teile Öl, wie in diesem Rezept, wird in einem Dressing-Shaker schön sämig.

Eisberg-Camembert-Salat mit Joghurt-Senf-Dressing

Einfach zuzubereiten

4 Portionen – Zubereitungszeit: 15 Minuten

15 Min.

2 EL	gehackte Haselnusskerne

Für das Joghurt-Senf-Dressing:

150 g	Vollmilch-Joghurt
2 EL	Zitronensaft
1–2 TL	milder Senf
1–2 EL	Nussöl (z. B. Walnussöl)
	Salz
	frisch gemahlener Pfeffer
	Zucker

1 Kopf	Eisbergsalat
2	mittelgroße Möhren
75 g	rosé Champignons
300 g	Camembert

1 Kästchen	Kresse

Pro Portion:

E: 20 g, F: 27 g, Kh: 6 g,
kJ: 1502, kcal: 359

1. Nüsse in einer Pfanne ohne Fett hellbraun rösten, herausnehmen und erkalten lassen.

2. Für das Dressing Joghurt mit Zitronensaft und Senf verrühren. Öl unterschlagen und das Dressing mit Salz, Pfeffer und Zucker abschmecken.

3. Eisbergsalat vierteln, abspülen, abtropfen lassen und in mundgerechte Stücke schneiden. Möhren putzen, schälen, abspülen, abtropfen lassen und in feine Streifen schneiden oder grob raspeln.

4. Champignons putzen, mit Küchenpapier abreiben, eventuell kurz abspülen und gut abtropfen lassen. Champignons in Scheiben schneiden. Käse halbieren und in Scheiben schneiden.

5. Kresse abspülen, trocken tupfen und abschneiden. Eisbergsalat mit Möhren, Champignons und Käse vorsichtig vermischen. Das Joghurt-Senf-Dressing darauf geben und den Salat mit Nüssen und Kresse bestreut servieren.

Tipp: Der Salat schmeckt am besten mit knackigem, kräftigen Blattsalat, wie Eisbergsalat, Römersalat oder auch Radicchio oder Chicorée. Wer es etwas aromatischer mag, verwendet Camembert oder Brie aus Rohmilch-Käse (z. B. Camembert d'Isigny oder Brie de Meaux).

Rucola mit Parmesan

Genießen wie in Italien

2 Portionen – Zubereitungszeit: 25 Minuten

30 g	Pinienkerne
125 g	Rucola (Rauke)
200 g	Cocktailtomaten
60 g	Parmesan

Für die Vinaigrette:

2–3 EL	Balsamico-Essig
1/4 TL	flüssiger Honig
	Salz
	frisch gemahlener Pfeffer
5 EL	Olivenöl

Pro Portion:

E: 16 g, F: 44 g, Kh: 6 g,
kJ: 1980, kcal: 472

1. Pinienkerne in einer Pfanne ohne Fett goldbraun rösten und erkalten lassen.

2. Rucola verlesen und dicke Stängel abschneiden, Rucola waschen und trocken tupfen oder trocken schleudern. Blätter in mundgerechte Stücke schneiden.

3. Cocktailtomaten waschen, abtrocknen, halbieren oder vierteln und die Stängelansätze herausschneiden. Parmesan hobeln.

4. Für die Vinaigrette Essig mit Honig, Salz und Pfeffer verrühren. Öl unterschlagen.

5. Rucola auf einer Platte anrichten und Tomatenhälften oder -viertel darauf verteilen. Mit der Vinaigrette beträufeln. Salat mit Pinienkernen bestreuen und mit Parmesan servieren.

Tipp: Den Salat für 4 Personen als Vorspeise oder Beilage zu Grillgerichten, zu kurz gebratenem Fleisch oder zu Risotto servieren. Anstatt der Pinienkerne können Sie auch abgezogene, gestiftelte Mandeln oder grob gehackte Walnusskerne verwenden.

Eiersalat mit warmem Speck-Dressing
Leicht und herzhaft genießen

4 Portionen – Zubereitungszeit: 30 Minuten, ohne Auftauzeit

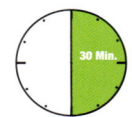

100 g	TK-Erbsen
250 g	Porree (Lauch)
3 Stangen	Staudensellerie
50 g	Frühstücksspeck (Bacon)
1 EL	Sonnenblumenöl
3 EL	Gemüsebrühe
3–4 EL	Weißweinessig
1 TL	milder Senf
	Salz
	frisch gemahlener Pfeffer
1/4 TL	Zucker oder 1 TL
	Apfeldicksaft
2 EL	Distelöl
100 g	junge Spinatblätter
6–8	hart gekochte Eier

Pro Portion:
E: 18 g, F: 20 g, Kh: 7 g,
kJ: 1171, kcal: 280

1. Erbsen nach Packungsanleitung auftauen lassen. Porree putzen, die Stangen längs halbieren, gründlich abspülen und abtropfen lassen. Porree in dünne Ringe schneiden. Sellerie putzen, die harten Außenfäden abziehen, Sellerie abspülen, abtropfen lassen und in dünne Scheiben schneiden.

2. Speck in einer Pfanne ohne Fett knusprig ausbraten, herausnehmen und auf Küchenpapier abtropfen lassen.

3. Sonnenblumenöl in die Pfanne geben und erhitzen. Porree, Sellerie und Erbsen darin unter Wenden etwa 2 Minuten dünsten. Gemüse aus der Pfanne nehmen. Brühe und Essig in die Pfanne geben und verrühren. Dressing mit Senf, Salz, Pfeffer und Zucker oder Apfeldicksaft abschmecken. Distelöl unterschlagen und Dressing warm halten.

4. Spinat verlesen, dicke Stiele entfernen, Spinat gründlich waschen und abtropfen lassen. Eier pellen und in Scheiben schneiden. Spinat und Eier mit dem Gemüse auf Portionstellern anrichten. Speck grob zerbröseln und darauf geben. Das Dressing dazureichen.

Tipp: Statt der Spinatblätter eignet sich auch Feldsalat.

Tomaten-Zwiebel-Salat

Lässt sich gut vorbereiten

4–6 Portionen – Zubereitungszeit: 20 Minuten

20 Min.

1	Gemüsezwiebel
500 g	Tomaten
3	hart gekochte Eier
1 EL	gehackte, glatte Petersilie
1/2 TL	Salz
	frisch gemahlener Pfeffer

Für das Dressing:

2 EL	Crème fraîche
1 TL	mittelscharfer Senf
1–2 EL	Kräuteressig
	Salz
1 Prise	Zucker
	frisch gemahlener Pfeffer
5–6 EL	Olivenöl
2 EL	gehackte Kräuter, z. B. Schnittlauch, Petersilie, Oregano

Pro Portion:

E: 6 g, F: 18 g, Kh: 6 g,
kJ: 890, kcal: 213

1. Zwiebel abziehen und in Scheiben schneiden. Tomaten waschen, abtrocknen, halbieren und die Stängelansätze herausschneiden. Eier pellen. Tomaten und Eier in Scheiben schneiden. Die vorbereiteten Zutaten abwechselnd mit Petersilie lagenweise in eine Salatschüssel schichten, dabei die Eier- und die Tomatenscheiben mit Salz und Pfeffer bestreuen.

2. Für das Dressing Crème fraîche mit Senf und Essig verrühren und mit Salz, Zucker und Pfeffer abschmecken. Öl unterschlagen und Kräuter unterrühren. Das Dressing über die Salatzutaten geben und den Salat bis zum Servieren kalt stellen.

Tipp: Für Fleischesser den Tomaten-Zwiebel-Salat als Beilage zu Steaks oder Gegrilltem servieren. Die Zwiebelscheiben werden bekömmlicher, wenn sie kurz in Essig-Salzwasser blanchiert werden.

Variante: Für einen schnellen Tomatensalat 750 g kleine, feste Tomaten waschen, abtrocknen, halbieren und die Stängelansätze herausschneiden. Tomaten in Scheiben schneiden. Für die Sauce 1 kleine Zwiebel abziehen, fein würfeln und mit 2 Esslöffeln Essig (z. B. Weißwein- oder Kräuteressig), Salz, Pfeffer und Zucker verrühren. 4 Esslöffel Speiseöl (z. B. Olivenöl) unterschlagen. Die Sauce mit den Tomatenscheiben mischen und den Salat kurz durchziehen lassen.

Amerikanischer Salat

Preiswert und fettarm

2 Portionen – Zubereitungszeit: 20 Minuten

Für das Joghurtdressing:

150 g	Magermilchjoghurt
3 EL	gemischte, gehackte Kräuter, z. B. Petersilie, Schnittlauch
1 EL	Obstessig oder Zitronensaft
	Salz
	frisch gemahlener Pfeffer
	Zucker
2	Bananen
3	rote Äpfel
150 g	Staudensellerie
1 kleiner Kopf	Eisbergsalat

Pro Portion:

E: 6 g, F: 2 g, Kh: 48 g,
kJ: 1040, kcal: 248

1. Für das Dressing Joghurt in einer Schüssel glatt rühren. Kräuter abspülen, trocken tupfen, eventuell die Blättchen von den Stängeln zupfen und fein hacken. Kräuter und Obstessig oder Zitronensaft zum Joghurt geben und unterrühren. Dressing mit Salz, Pfeffer und Zucker abschmecken.

2. Bananen schälen und in Scheiben schneiden. Äpfel waschen, abtrocknen, vierteln, entkernen und ebenfalls in Scheiben schneiden. Sellerie putzen, die harten Außenfäden abziehen, waschen und abtropfen lassen. Sellerie in feine Scheiben schneiden. Bananen-, Apfel- und Selleriescheiben mit dem Joghurtdressing vermischen.

3. Eisbergsalat putzen. Salatblätter waschen, gut abtropfen lassen oder trocken schleudern und in etwa 2 cm breite Streifen schneiden. Salatstreifen unter den Salat mischen und sofort servieren.

Griechischer Bauernsalat
So schmeckt Urlaub

4 Portionen – Zubereitungszeit: 20 Minuten

20 Min.

375 g	Salatgurke
400 g	Tomaten
125 g	Gemüsezwiebel
75 g	schwarze Oliven
200 g	griechischer Schafskäse

Für das Dressing:

2 EL	Weißweinessig
	Salz
	frisch gemahlener Pfeffer
	Zucker
5 EL	Olivenöl
einige	Kräuterblättchen, z. B.
	Majoran oder Basilikum

Pro Portion:
E: 10 g, F: 26 g, Kh: 6 g,
kJ: 1248, kcal: 297

1. Gurke schälen und die Enden abschneiden. Gurke längs halbieren, eventuell entkernen und in dünne Scheiben schneiden. Tomaten waschen, abtrocknen, halbieren und die Stängelansätze herausschneiden. Tomaten in Stücke schneiden.

2. Gemüsezwiebel abziehen und in dünne Scheiben schneiden. Oliven abtropfen lassen. Schafskäse in dünne Scheiben schneiden. Die vorbereiteten Zutaten auf einer großen Platte anrichten.

3. Für das Dressing Essig mit Salz, Pfeffer und Zucker verrühren. Öl unterschlagen. Das Dressing über die Salatzutaten geben. Salat mit Kräuterblättchen bestreuen und servieren.

Tipp: Den griechischen Bauernsalat als kleines Gericht, z. B. mit aufgebackenem Fladenbrot servieren. Den Salat nach Belieben auf Römersalatblättern anrichten.

Variante: Schopska-Salat.
Ersetzen Sie die Oliven durch etwa 300 g grüne Spitzpaprika. Zusätzlich benötigen Sie noch 1–2 Esslöffel Olivenöl zum Braten sowie Kräuteressig und Olivenöl statt dem oben angegebenen Dressing. Tomaten, Gurke und Gemüsezwiebel wie oben angegeben vorbereiten. Spitzpaprika halbieren, entstielen, entkernen und die weißen Scheidewände entfernen. Die Schoten waschen, abtropfen lassen und in Stücke schneiden. Olivenöl in einer Pfanne erhitzen und die Paprikastücke kurz darin anbraten. Schafskäse raspeln. Vorbereitetes Gemüse miteinander vermischen und mit Salz und Pfeffer würzen. Salat mit dem Schafskäse bestreuen. Essig und Öl getrennt dazu reichen.

Bunter Feldsalat mit Grapefruit

Leichter Genuss mit raffiniertem Dressing

4 Portionen – Zubereitungszeit: 20 Minuten

2 EL	gestiftelte Mandeln
1	rosa Grapefruit

Für das Rosmarin-Honig-Dressing:

1	Rosmarinzweig
1	Schalotte
2 EL	Weißweinessig
1 TL	flüssiger Honig
	Salz
	frisch gemahlener Pfeffer
5 EL	Distelöl

1	gelbe Paprikaschote
150 g	Feldsalat
1 kleiner Kopf	Lollo Rossa
50 g	frischer Parmesan am Stück

Pro Portion:

E: 9 g, F: 21 g, Kh: 10 g,
kJ: 1142, kcal: 273

1. Mandeln in einer Pfanne ohne Fett hellbraun rösten und auf einem Teller erkalten lassen.

2. Grapefruit so schälen, dass die weiße Haut mit entfernt wird. Grapefruitfruchtfleisch mit einem scharfen Messer filetieren, dabei den Saft für das Dressing auffangen.

3. Für das Dressing Rosmarin abspülen, trocken tupfen und die Nadeln von dem Stängel zupfen. Rosmarin fein hacken. Schalotte abziehen und sehr fein würfeln. Aufgefangenen Grapefruitsaft mit Essig und Honig verrühren, Rosmarin und Schalottenwürfel unterrühren und das Dressing mit Salz und Pfeffer abschmecken. Öl unterschlagen.

4. Paprikaschote halbieren, entstielen, entkernen und die weißen Scheidewände entfernen. Schote abspülen, abtropfen lassen und in feine Streifen schneiden.

5. Feldsalat verlesen und Wurzelansätze abschneiden. Lollo Rossa putzen, Salate waschen und gut abtropfen lassen oder trocken schleudern. Salatblätter in mundgerechte Stücke zupfen.

6. Parmesan mit einem Sparschäler oder einem Käsehobel in feine Späne hobeln. Salate, Grapefruitfilets und Paprikastreifen in einer Schüssel mischen. Dressing untermischen und den Salat mit Mandeln und Parmesan servieren.

Tipp: Das aromatische Rosmarin-Honig-Dressing schmeckt statt mit Distelöl auch mit Olivenöl, Walnussöl oder einer Mischung aus Distel- und Kürbiskernöl.

Spitzkohlsalat mit Souflaki

Einfach gemacht und echt lecker

4 Portionen – Zubereitungszeit: 30 Minuten

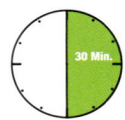
30 Min.

600 g	Spitzkohl
2	rote Paprikaschoten
2	Zwiebeln
1 Bund	glatte Petersilie

Für die Kümmel-Vinaigrette:

4 EL	Weißweinessig
1/2–1 TL	gemahlener Kümmel
	Salz
	frisch gemahlener Pfeffer
6 EL	Olivenöl

600 g	Schweinefilet
2 TL	Gyros-Gewürzmischung
2–3 EL	Olivenöl

Pro Portion:
E: 38 g, F: 16 g, Kh: 11 g,
kJ: 1415, kcal: 338

1. Von dem Spitzkohl die äußeren Blätter entfernen, den Kohl vierteln und den Strunk herausschneiden. Kohl waschen, abtropfen lassen und in dünne Streifen schneiden.

2. Paprikaschoten halbieren, entstielen, entkernen und die weißen Scheidewände entfernen. Schoten waschen, abtropfen lassen und in Streifen schneiden. Zwiebeln abziehen, halbieren und in Ringe schneiden.

3. Petersilie abspülen, trocken tupfen und die Blättchen von den Stängeln zupfen. Spitzkohl- und Paprikastreifen mit Zwiebelringen und Petersilienblättchen vermengen.

4. Für die Vinaigrette Essig mit Kümmel verrühren und mit Salz und Pfeffer abschmecken. Öl unterschlagen. Vinaigrette mit den Salatzutaten vermischen.

5. Schweinefilet unter fließendem kalten Wasser abspülen, trocken tupfen und in etwa 1 cm breite Scheiben schneiden. Fleischscheiben flach auf zwei Holz- oder Schaschlikspieße stecken und mit der Gyros-Gewürzmischung bestreuen.

6. Olivenöl in einer beschichteten Pfanne erhitzen. Spieße darin unter Wenden etwa 5 Minuten braten und die Spieße mit dem Salat anrichten.

Tipp: Nach Belieben die Spitzkohlstreifen blanchieren.

Salat mit Hähnchenstreifen

Das mögen auch Kinder

4 Portionen – Zubereitungszeit: 30 Minuten

Für das Dressing:

20 g	gestiftelte Mandeln
2 Töpfe	Basilikum
1 Topf	glatte Petersilie
4 EL	Olivenöl
75–100 ml	Gemüsebrühe
2–3 EL	Zitronensaft
	Salz
	frisch gemahlener Pfeffer
	Zucker

Für den Salat:

700 g	Hähnchenbrustfilet
	Salz
	frisch gemahlener Pfeffer
2 EL	Olivenöl
175 g	Cocktailtomaten
175 g	Champignons
2	Frühlingszwiebeln
150 g	Rucola (Rauke)

Pro Portion:

E: 45 g, F: 16 g, Kh: 4 g,
kJ: 1446, kcal: 346

1. Für das Dressing Mandeln in einer Pfanne ohne Fett goldbraun rösten und herausnehmen. Kräuter abspülen, trocken tupfen und die Blättchen von den Stängeln zupfen. Kräuterblättchen und Mandeln in einen hohen Rührbecher oder Mixer geben, Olivenöl und etwa die Hälfte der Brühe hinzufügen und das Ganze fein pürieren. Nach und nach noch soviel Brühe hinzugießen und untermischen, dass ein cremiges Dressing entsteht. Dressing mit Zitronensaft, Salz, Pfeffer und Zucker abschmecken.

2. Für den Salat Hähnchenbrustfilet unter fließendem kalten Wasser abspülen, trocken tupfen und in Streifen schneiden. Hähnchenstreifen mit Salz und Pfeffer bestreuen. Olivenöl in einer großen Pfanne erhitzen und die Hähnchenstreifen darin unter Wenden etwa 5 Minuten braten. Die Hähnchenstreifen in eine Schüssel geben und mit der Hälfte von dem Dressing vermischen, etwas abkühlen lassen.

3. Tomaten waschen, trocken tupfen und halbieren. Stängelansätze eventuell herausschneiden. Champignons putzen, mit Küchenpapier abreiben, eventuell abspülen und gut abtropfen lassen. Champignons in Scheiben schneiden. Frühlingszwiebeln putzen, waschen, abtropfen lassen und in dünne Ringe schneiden.

4. Rucola verlesen, dicke Stängel abschneiden, Rucola waschen und trocken tupfen oder trocken schleudern. Rucola in mundgerechte Stücke zupfen, mit Champignonscheiben, Frühlingszwiebelringen und Tomatenhälften auf einer großen Platte anrichten. Hähnchenstreifen darauf verteilen und restliches Dressing auf den Salat träufeln.

Schneller Rote-Bete-Salat

Gesunder Genuss – schnell gemacht

4 Portionen – Zubereitungszeit: 20 Minuten

500 g	gegarte Rote Bete (vakuumverpackt)
225 g	gegarte Kartoffelscheiben (aus dem Kühlregal)
1 Stange	Porree (Lauch)
200 g	Bierschinken
100 g	Mayonnaise
100 g	Naturjoghurt

Für die Sauce:

3 EL	Weinessig
1 TL	geriebener Meerrettich (aus dem Glas)
2 EL	Rapsöl
1/2 EL	Zucker
1 TL	Salz
	frisch gemahlener Pfeffer

Pro Portion:
E: 14 g, F: 29 g, Kh: 18 g,
kJ: 1709, kcal: 408

1. Rote Bete in grobe Würfel schneiden. Kartoffelscheiben eventuell etwas zerkleinern und hinzufügen. Porree putzen, halbieren, waschen, abtropfen lassen und in feine Streifen schneiden. Etwa 1 Esslöffel Porreestreifen zum Garnieren beiseitelegen. Bierschinken in Streifen schneiden.

2. Vorbereitete Zutaten vermischen. Mayonnaise mit Joghurt verrühren und vorsichtig unterrühren.

3. Für die Sauce Weinessig, Meerrettich, Öl, Zucker, Salz und Pfeffer verrühren und unter die Salatzutaten heben. Den Salat etwas durchziehen lassen und vor dem Servieren nochmals abschmecken. Rote-Bete-Salat mit den beiseitegelegten Porreestreifen garnieren.

Beilage: Roggenbrötchen.

Tipp: Die Porreestreifen nach Belieben blanchieren. Die Kartoffelscheiben aus dem Kühlregal können Sie natürlich auch durch gekochte, erkaltete, in Würfel geschnittene, festkochende Kartoffeln ersetzen.

Roastbeef-Gemüse-Salat

Leichter Genuss für die ganze Familie

4 Portionen – Zubereitungszeit: 30 Minuten

8	Möhren (je etwa 100 g)
400 g	Champignons
je 1	große gelbe und
	rote Paprikaschote
einige	frische Salbeiblätter
2 EL	Speiseöl, z. B. Olivenöl
	Salz
	frisch gemahlener Pfeffer
100 ml	Gemüsebrühe
8 EL	Weißwein- oder Apfelessig
2 TL	Kürbiskerne
160 g	Roastbeef-Aufschnitt
4	Vollkornbrötchen (je etwa 60 g)

Pro Portion:
E: 25 g, F: 9 g, Kh: 46 g,
kJ: 1555, kcal: 372

1. Möhren putzen, schälen, abspülen, abtropfen lassen und schräg in dünne Scheiben schneiden oder hobeln. Champignons putzen, eventuell mit Küchenpapier abreiben, kurz abspülen, gut abtropfen lassen und in Scheiben schneiden.

2. Paprikaschoten halbieren, entstielen, entkernen und die weißen Scheidewände entfernen. Schoten waschen, abtropfen lassen und in Stücke schneiden. Salbei abspülen und trocken tupfen, einige Blätter zum Garnieren beiseitelegen.

3. Öl in einer Pfanne erhitzen und nacheinander Möhrenscheiben mit Salbei, Paprikastücke und Champignons in der Pfanne andünsten, mit Salz und Pfeffer würzen, aus der Pfanne nehmen und miteinander vermischen.

4. Gemüsebrühe und Essig in der Pfanne verrühren, kurz erwärmen und mit Salz und Pfeffer abschmecken, etwas abkühlen lassen und auf das Gemüse träufeln. Kürbiskerne in einer Pfanne ohne Fett anrösten. Gemüse mit Kürbiskernen bestreuen und mit dem Roastbeef-Aufschnitt anrichten.

5. Roastbeef-Gemüse-Salat mit den beiseitegelegten Salbeiblättern garnieren und dazu die Brötchen reichen.

Tipp: Der Roastbeef-Gemüse-Salat schmeckt warm und kalt.

Asiatischer Roastbeef-Gurken-Salat

Asien trifft Europa

4 Portionen – Zubereitungszeit: 25 Minuten, ohne Durchziehzeit

75 g	Glasnudeln
600 g	Salatgurke
1	reife Mango
1	rote Zwiebel
175 g	Roastbeef-Aufschnitt (möglichst durchgegart)

Für das Dressing:

1	kleine rote Chilischote
1 kleines Stück	frischer Ingwer
1	Knoblauchzehe
8–10 EL	Limettensaft
1/2 TL	Zucker
	Salz
1 EL	Sesamöl
2 EL	Sonnenblumenöl
1 Bund	Koriander

Pro Portion:
E: 15 g, F: 12 g, Kh: 29 g,
kJ: 1206, kcal: 287

1. Die Glasnudeln nach Packungsanleitung zubereiten. Die Nudeln auf einem Sieb abtropfen lassen und mit einer Küchenschere klein schneiden.

2. Gurke schälen und die Enden abschneiden. Gurke längs halbieren und entkernen. Gurke in etwa 1 cm dicke Scheiben schneiden. Mango halbieren und das Fruchtfleisch vom Stein schneiden. Fruchtfleisch schälen und fein würfeln.

3. Zwiebel abziehen und in feine Ringe schneiden. Aufschnitt in Streifen schneiden.

4. Für das Dressing Chilischote längs halbieren, entstielen und entkernen. Die Schote abspülen, abtropfen lassen und fein hacken. Ingwer schälen, Knoblauch abziehen und Ingwer und Knoblauch ebenfalls fein hacken.

5. Chili-, Ingwer- und Knoblauchstücke mit Limettensaft und Zucker verrühren und mit Salz würzen. Beide Ölsorten unterschlagen. Vorbereitete Salatzutaten mit dem Dressing mischen und den Salat etwa 1 Stunde kalt gestellt durchziehen lassen.

6. Koriander abspülen, trocken tupfen und die Blättchen von den Stängeln zupfen. Einige Blättchen zum Garnieren beiseitelegen, restliche Blättchen grob hacken und unter den Salat mischen. Salat nochmals mit Salz und eventuell etwas Limettensaft abschmecken. Salat mit den beiseitegelegten Korianderblättchen garniert servieren.

Tipp: Statt Roastbeef können Sie auch Hähnchen- oder Putenbrustaufschnitt verwenden.

Endivien-Melonen-Salat mit Zanderfilet

Leichter Genuss – fruchtig abgeschmeckt

4 Portionen – Zubereitungszeit: 30 Minuten

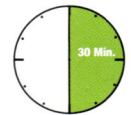

1/2	Zuckermelone, z. B. Galiamelone (etwa 500 g Fruchtfleisch)
2 EL	Apfelessig
1 TL	Zitronensaft
	Salz
	frisch gemahlener Pfeffer
	Zucker
2 EL	Olivenöl
1 EL	Haselnussöl
1 Kopf	Endivien- oder Kopfsalat
1	Salatgurke
1/2	kleine Chilischote
600 g	Zanderfilet
2 EL	Olivenöl

Pro Portion:

E: 31 g, F: 11 g, Kh: 17 g,
kJ: 1252, kcal: 299

1. Melone entkernen und schälen. Für das Dressing 150 g Fruchtfleisch abwiegen, grob würfeln und dann fein pürieren. Melonenpüree mit Essig und Zitronensaft verrühren und mit Salz, Pfeffer und Zucker würzen. Beide Ölsorten unterschlagen.

2. Restliches Melonenfleisch in Würfel schneiden. Salat putzen, waschen und gut abtropfen lassen oder trocken schleudern. Salatblätter in mundgerechte Stücke schneiden.

3. Gurke waschen, abtrocknen und die Enden abschneiden. Gurke längs halbieren und entkernen. Gurke in Scheiben oder Stücke schneiden.

4. Chilischote längs halbieren, entstielen, entkernen, waschen und abtropfen lassen. Chilischote in kleine Ringe oder Stücke schneiden.

5. Melonen- und Gurkenstücke, Salat und Chili vorsichtig vermischen und auf einer Platte anrichten.

6. Fischfilet unter fließendem kalten Wasser abspülen, trocken tupfen und mit Salz und Pfeffer bestreuen. Fischfilet in 4 Portionen teilen. Olivenöl in einer beschichteten Pfanne erhitzen und die Filets darin von jeder Seite etwa 4 Minuten braten. Salat mit dem Dressing beträufeln. Filets in Stücke schneiden und auf dem Salat anrichten.

Tipp: Verwenden Sie für dieses Dressing aromatische, reife Früchte. Prüfen Sie beim Kauf Reife und Aroma. Duftet die Melone durch die Schale zart süßlich und gibt der Stielansatz auf Druck leicht nach, ist die Melone reif.

Spinatsalat in Grüne-Sauce-Dressing
Raffiniert – für Gäste

4 Portionen – Zubereitungszeit: 25 Minuten

200 g	Blattspinat
50 g	Frühstücksspeck (Bacon)
150 g	rosa Champignons, Stein-pilze oder Austernpilze
20 g	Butter

Für das Grüne-Sauce-Dressing:

2 EL	Apfelessig
	Salz
	frisch gemahlener Pfeffer
1	Schalotte
4 EL	Nussöl
1 kleines Bund	Kräuter, z. B. Sauerampfer, Petersilie, Pimpinelle, Ker-bel, Kresse, Schnittlauch
50 g	Schmand (Sauerrahm)
50 g	Vollmilchjoghurt
	frisch gemahlener, weißer Pfeffer
etwas	Zitronensaft
2	hart gekochte Eier

Zum Garnieren:

	Tomatenspalten

Pro Portion:
E: 9 g, F: 24 g, Kh: 2 g,
kJ: 1107, kcal: 265

1. Spinat verlesen, gründlich waschen und trocken schleudern.

2. Frühstücksspeck in feine Streifen schneiden, in einer Pfanne ohne Fett langsam knusprig braten und herausnehmen.

3. Pilze putzen, mit Küchenpapier abreiben, even-tuell abspülen, trocken tupfen und in Scheiben schneiden. Butter zum Speckfett geben und zerlas-sen. Pilzscheiben darin andünsten.

4. Für das Dressing Essig mit Salz und Pfeffer ver-rühren. Schalotte abziehen, in kleine Würfel schnei-den und unterrühren. Nussöl unterschlagen.

5. Kräuter abspülen und trocken tupfen. Die Blätt-chen von den Stängeln zupfen, Schnittlauch in Röllchen schneiden. Schmand mit Joghurt und den Kräutern in einen hohen Rührbecher geben und pürieren. Das Kräuterpüree unter das Dressing rühren. Mit Salz, Pfeffer und Zitronensaft ab-schmecken. Eier pellen, in kleine Würfel schneiden und unterheben.

6. Blattspinat auf einem Teller verteilen und mit dem Grüne-Saucen-Dressing beträufeln. Pilz-scheiben und Speckstreifen darauf anrichten. Mit Tomatenspalten garnieren.

Möhrensuppe mit roten Linsen und Minze

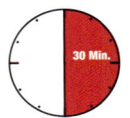

Raffiniert und schnell zubereitet

4 Portionen – Zubereitungszeit: 30 Minuten

750 g	Möhren
10 g	Ingwerwurzel
	(etwa 2 cm lang)
1	rote Peperoni
1 1/2 EL	Speiseöl
90 g	getrocknete rote Linsen
	frisch gemahlener Pfeffer
1 Msp.	gemahlener Kardamom
650 ml	Gemüsebrühe
	Salz
	geriebene Muskatnuss
5–6	Minzeblätter

Pro Portion:
E: 7 g, F: 4 g, Kh: 16 g,
kJ: 567, kcal: 135

1. Möhren schälen, putzen, waschen, abtropfen lassen und in kleine Würfel schneiden. Ingwer schälen und fein würfeln. Peperoni längs aufschneiden, entkernen, waschen, trocken tupfen und in feine Streifen schneiden.

2. Speiseöl in einem Topf erhitzen. Möhrenwürfel, Ingwer und Peperoni darin etwa 5 Minuten unter gelegentlichem Rühren andünsten.

3. Linsen, Pfeffer und Kardamom hinzufügen und etwa 2 Minuten mit andünsten. Brühe hinzugießen, die Zutaten zum Kochen bringen und zugedeckt 8–10 Minuten leicht köcheln lassen.

4. Inzwischen Minzeblätter waschen, trocken tupfen und in feine Streifen schneiden. Die Suppe vor dem Servieren mit Salz und Muskatnuss abschmecken und mit Minze bestreuen.

Tipp: Kardamom kommt vor allem aus der indischen Küche. Es ist der Samen einer Schilfpflanze aus der Familie der Ingwergewächse. Kardamom ist bei uns besonders als Kuchengewürz in der Weihnachtsbäckerei bekannt und hat ein leicht scharfes Aroma. Rote Linsen müssen vor dem Kochen nicht eingeweicht werden. Sie zerfallen bereits nach etwa 10 Minuten Garzeit (Packungsanleitung beachten).

Exotisches Currysüppchen

Schön scharf und fruchtig

4 Portionen – Zubereitungszeit: 30 Minuten

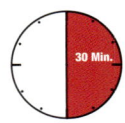

30 Min.

Für die Suppe:

2	Schalotten
2	Knoblauchzehen
2 Stängel	Zitronengras (Asialaden)
2	grüne Chilischoten
1/2 Bund	Koriander
2–3 EL	Speiseöl
4 TL	grüne Currypaste (Asialaden)
250 ml (1/4 l)	ungesüßte Kokosmilch
750 ml (3/4 l)	Hühnerbrühe
	Salz

Für die Einlage:

1	rote Chilischote
1	kleiner roter Apfel
	Saft von
1	Limette
1/2	kleine Mango

Pro Portion:

E: 3 g, F: 19 g, Kh: 14 g,
kJ: 1007, kcal: 243

1. Für die Suppe Schalotten und Knoblauch abziehen und fein würfeln. Zitronengras abspülen, trocken tupfen und in 3 cm lange Stücke schneiden. Chilischoten längs halbieren, entkernen, entstielen, Schoten waschen und fein würfeln.

2. Koriander abspülen, trocken tupfen und einige schöne Stängel zum Garnieren beiseitelegen. Von den restlichen Stängeln die Blätter abzupfen und fein schneiden.

3. Öl in einem weiten Topf erhitzen und Schalotten-, Knoblauch- und Chiliwürfel darin andünsten. Die Currypaste dazugeben und kurz mit andünsten.

4. Kokosmilch und Hühnerbrühe dazugießen und geschnittenen Koriander hinzufügen. Suppe salzen, aufkochen lassen und bei schwacher Hitze etwa 5 Minuten köcheln lassen.

5. Für die Einlage in der Zwischenzeit die rote Chilischote längs halbieren, entkernen, entstielen, Schote waschen und fein würfeln. Den Apfel waschen, abtrocknen, halbieren, Kerngehäuse entfernen, ungeschält fein würfeln und mit Limettensaft beträufeln. Mangofruchtfleisch vom Stein schneiden, schälen und ebenso fein würfeln.

6. Zitronengrasstücke herausnehmen und die Suppe nochmals abschmecken. Die heiße Suppe in 4 Schalen geben. Rote Chiliwürfel, Apfel- und Mangowürfel in den Schalen verteilen und die Suppe mit den beiseitegelegten Korianderstängeln garnieren.

Lauchcremesuppe mit Schinken

Die mögen Kinder und andere Suppenkasper

4 Portionen – Zubereitungszeit: 30 Minuten

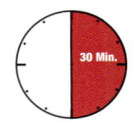

1	Zwiebel
2 Stangen	Porree (Lauch, etwa 400 g)
30 g	Butter oder Margarine
1 l	Gemüsebrühe
	Salz
	frisch gemahlener Pfeffer
2 Scheiben	gekochter Schinken
100–150 g	Sahne-Schmelzkäse-zubereitung
2 EL	frisch geriebener Parmesan

Pro Portion:

E: 13 g, F: 19 g, Kh: 5 g,
kJ: 1030, kcal: 247

1. Zwiebel abziehen und fein würfeln. Porree putzen, die Stangen längs halbieren, gründlich waschen und abtropfen lassen. Porree in Streifen schneiden.

2. Butter oder Margarine in einem Topf erhitzen und Zwiebelwürfel darin unter gelegentlichem Rühren andünsten. Porreestreifen hinzugeben und alles unter Rühren weitere 3–4 Minuten andünsten.

3. Brühe hinzugießen und alles mit Salz und Pfeffer würzen. Die Zutaten zum Kochen bringen und zugedeckt etwa 5 Minuten leicht köcheln lassen. Inzwischen Schinken in kleine Würfel schneiden und beiseite legen.

4. Schmelzkäse in die heiße Suppe geben und unter Rühren darin schmelzen lassen. Lauchcremesuppe mit Salz und Pfeffer abschmecken und mit Schinkenwürfeln und Parmesan servieren.

Tipp: Die Suppe lässt sich gut verdoppeln und auch auf Vorrat einfrieren. Schinken und Parmesan frisch dazureichen. Schmelzkäse können Sie auch in anderen Geschmacksrichtungen (z. B. Kräuter) verwenden. Es gibt ihn auch fettreduziert im Handel.

Kokossuppe mit Huhn und Koriander

Exotisch

4 Portionen – Zubereitungszeit: 20 Minuten

600 ml	Hühnerbrühe
1 Dose	
(400 ml)	ungesüßte Kokosmilch
1	rote Chilischote
	Saft von
1/2	Limette
4	Hähnchenbrustfilets
	(je etwa 150 g)
4	Limettenblätter
	Salz
	frisch gemahlener Pfeffer
1/2 Bund	Koriander

Pro Portion:
E: 37 g, F: 18 g, Kh: 3 g,
kJ: 1372, kcal: 331

1. Hühnerbrühe und Kokosmilch in einen weiten Topf geben und aufkochen lassen. In der Zwischenzeit Chilischote halbieren, entstielen und eventuell entkernen, Schote waschen, in feine Ringe schneiden und zusammen mit dem Limettensaft in die Flüssigkeit geben.

2. Hähnchenbrustfilets unter fließendem kalten Wasser abspülen, mit Küchenpapier trocken tupfen, quer in dünne Scheiben schneiden und etwa 10 Minuten bei schwacher Hitze in der Suppe gar ziehen lassen.

3. Die Limettenblätter dazugeben und die Suppe mit Salz und Pfeffer abschmecken. Koriander abspülen, trocken tupfen, Blättchen von den Stängeln zupfen, fein schneiden und mit in die Suppe geben.

Tipp: Die Suppe eignet sich für 4 Personen als Vorspeise oder für 2 Personen als Hauptgericht. Um die Suppe gehaltvoller zu machen, kann sie mit Basmatireis serviert werden. Die Limettenblätter können durch etwas abgeriebene Limettenschale ersetzt werden.

Fenchel-Zitronen-Suppe mit Lachs

Raffiniert – und ganz leicht

4 Portionen – Zubereitungszeit: 30 Minuten

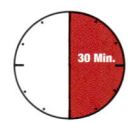

2	Fenchelknollen (400 g)
3	Möhren (200 g)
2	mehligkochende Kartoffeln (250 g)
1 EL	Olivenöl
750 ml (3/4 l)	Gemüsebrühe
2	Lorbeerblätter
1 TL	Currypulver
1	Bio-Zitrone (unbehandelt)
200 g	frischer Lachs
	Salz
1 Msp.	gemahlener Piment
5 Stängel	glatte Petersilie

Pro Portion:
E: 13 g, F: 6 g, Kh: 13 g,
kJ: 690, kcal: 165

1. Vom Fenchel etwas Fenchelgrün abspülen, trocken tupfen und zum Garnieren beiseitelegen. Stiele und Wurzelenden der Knollen abschneiden. Möhren schälen und putzen. Kartoffeln waschen und schälen. Gemüse und Kartoffeln abspülen, abtropfen lassen und in kleine Würfel schneiden.

2. Öl in einem Topf erhitzen und Gemüse- und Kartoffelwürfel unter Rühren darin andünsten. Gemüsebrühe, Lorbeerblätter und Curry hinzufügen, umrühren. Suppe etwa 15 Minuten kochen lassen, dann Lorbeerblätter entfernen.

3. In der Zwischenzeit Zitrone heiß waschen und abtrocknen. Die Hälfte der Schale abreiben und beiseite legen. Zitrone halbieren und auspressen.

4. Lachs unter fließendem kalten Wasser abspülen, trocken tupfen und in etwa 1 cm große Würfel schneiden. Lachswürfel mit Zitronensaft beträufeln und mit Salz und Piment bestreuen.

5. Geriebene Zitronenschale in die Suppe einrühren. Suppe fein pürieren und nochmals aufkochen lassen. Lachswürfel in die Suppe geben und noch etwa 5 Minuten bei schwacher Hitze gar ziehen lassen. Suppe mit Salz, Curry und Piment abschmecken.

6. Petersilie abspülen, trocken tupfen und die Blättchen von den Stängeln zupfen. Petersilienblättchen und beiseitegelegtes Fenchelgrün hacken. Die Suppe mit Kräutern bestreut servieren.

Brokkoli-Käse-Suppe

Beliebt bei Kindern

4 Portionen – Zubereitungszeit: 30 Minuten

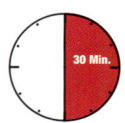

750 g	Brokkoli
800 ml	Gemüsebrühe
200 g	Sahne- oder Kräuter-
	schmelzkäse
1 Pck.	helle Sauce
	(für 250 ml Flüssigkeit)
	frisch gemahlener Pfeffer
	geriebene Muskatnuss

Pro Portion:

E: 9 g, F: 19 g, Kh: 9 g,
kJ: 999, kcal: 240

1. Von dem Brokkoli die Blätter entfernen, den Brokkoli waschen, den Strunk schälen, klein schneiden und Brokkoli in Röschen teilen.

2. Gemüsebrühe zugedeckt in einem Topf zum Kochen bringen, Brokkoli hinzufügen und etwa 5 Minuten bei mittlerer Hitze darin garen.

3. Gut ein Drittel des Brokkolis (kleine Röschen) mit einer Schaumkelle entnehmen und auf einem Sieb abtropfen lassen. Restlichen Brokkoli zusammen mit der Brühe pürieren, Schmelzkäse hinzufügen und darin unter Rühren auflösen.

4. Saucenpulver mit einem Schneebesen in die Suppe rühren, Suppe aufkochen lassen und mit Pfeffer und Muskat würzen.

5. Vor dem Servieren zurückgelegte Brokkoliröschen in der Suppe kurz erwärmen.

Tipp: Geben Sie mit den Brokkoliröschen einige Krabben oder etwas Räucherlachs in Streifen in die Suppe. Sie können auch den gesamten Brokkoli pürieren und die Suppe anschließend mit gerösteten Mandelblättchen bestreuen.

Variante: Blumenkohl-Käse-Suppe. Ersetzen Sie den Brokkoli einfach durch die gleiche Menge Blumenkohl. Die Garzeit erhöht sich auf etwa 8 Minuten.

Zucchini-Käse-Suppe

Schnell zubereitet – mit Alkohol

4 Portionen – Zubereitungszeit: 25 Minuten

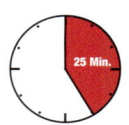

500 g	Zucchini
30 g	Butter oder Margarine
1	Knoblauchzehe
2–3 EL	Weizenmehl
750 ml	
(3/4 l)	Gemüsebrühe
200 ml	Weißwein
80 g	Gouda
200 g	Sahne-Schmelzkäse
1 Bund	Dill
	Salz
	frisch gemahlener Pfeffer

Pro Portion:
E: 15 g, F: 26 g, Kh: 14 g,
kJ: 1674, kcal: 400

1. Zucchini waschen, abtrocknen, die Enden abschneiden und Zucchini grob raspeln. Butter oder Margarine in einem Topf erhitzen und Zucchiniraspel darin andünsten.

2. Knoblauch abziehen und fein würfeln, zu den Zucchini geben. Mehl darüber stäuben und kurz mitdünsten.

3. Gemüsebrühe und Weißwein hinzugießen und gut durchrühren, damit sich keine Klümpchen bilden. Alles zum Kochen bringen und 3–5 Minuten kochen lassen.

4. Gouda grob reiben, mit dem Schmelzkäse in die Suppe geben und unter Rühren schmelzen lassen.

5. Dill abspülen und trocken tupfen. Die Spitzen von den Stängeln zupfen, klein schneiden und in die Suppe geben. Die Suppe mit Salz und Pfeffer würzen.

Gemüsesuppe mit Ei und Käse

Leichter Genuss für warme Tage

4–6 Portionen – Zubereitungszeit: 25 Minuten

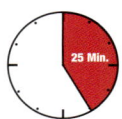

750 g	Tomaten
200 g	Steinpilze
2	Zwiebeln
2 Stangen	Staudensellerie
1	Knoblauchzehe
einige	frische Minzeblättchen
6 EL	Olivenöl
	Salz
1 l	Gemüsebrühe
8 dünne	
Scheiben	Weißbrot
2	Eier (Größe M)
3 EL	frisch geriebener
	Parmesan
	frisch gemahlener Pfeffer

Pro Portion:

E: 12 g, F: 20 g, Kh: 25 g,
kJ: 1367, kcal: 326

1. Tomaten waschen, kreuzweise einschneiden und kurz in kochendes Wasser legen, in kaltem Wasser abschrecken, Tomaten enthäuten, halbieren, entkernen und Stängelansätze entfernen. Fruchtfleisch in Würfel schneiden. Steinpilze putzen, mit einem Pinsel gründlich säubern und in Scheiben schneiden.

2. Zwiebeln abziehen und in Würfel schneiden. Sellerie putzen und die harten Außenfäden abziehen. Sellerie waschen, abtropfen lassen und in kleine Stücke schneiden. Knoblauch abziehen. Minzeblättchen klein schneiden.

3. Öl in einem Topf erhitzen und Zwiebelwürfel, Selleriestücke und Knoblauch unter Wenden kurz darin anrösten. Knoblauch entfernen. Pilzscheiben hinzufügen, kurz anbraten und salzen. Tomatenwürfel und Minzeblättchen hinzufügen, Gemüsebrühe hinzugießen und die Zutaten zum Kochen bringen, zugedeckt bei schwacher Hitze etwa 10 Minuten kochen lassen.

4. Weißbrotscheiben toasten und auf 4 Teller verteilen.

5. Eier in einer Suppenterrine verschlagen und Parmesan unterrühren. Die kochende Gemüsesuppe hinzugießen und mit der Eier-Käse-Mischung gut vermischen. Mit Pfeffer bestreuen.

6. Die Gemüsesuppe über die Brotscheiben geben und sofort servieren.

Würzige Kartoffel-Bohnen-Suppe

Für Feinschmecker

4 Portionen – Zubereitungszeit: 20 Minuten

20 Min.

300 g	Kartoffeln
2	Zwiebeln (etwa 150 g)
1 Dose	weiße Bohnenkerne (Abtropfgewicht 500 g)
2–3 EL	Speiseöl
4	Salbeiblätter
1 l	Gemüsebrühe
	Salz
	frisch gemahlener Pfeffer
200–300 g	Pfifferlinge
150 g	frische Steinpilze
100 g	Cabanossi

Pro Portion:

E: 14 g, F: 15 g, Kh: 30 g,
kJ: 1330, kcal: 317

1. Kartoffeln waschen, schälen, abspülen und in Würfel schneiden. Zwiebeln abziehen und fein würfeln. Bohnen auf ein Sieb geben, kurz kalt abspülen und abtropfen lassen.

2. Zwei Esslöffel Öl in einem großen Topf erhitzen und Zwiebel- und Kartoffelwürfel darin andünsten. Bohnen und Salbei hinzugeben und unter Rühren kurz mit andünsten.

3. Brühe hinzugießen und alles mit Salz und Pfeffer würzen. Die Zutaten zum Kochen bringen und zugedeckt etwa 30 Minuten bei schwacher Hitze köcheln lassen.

4. Pfifferlinge und Steinpilze putzen und mit Küchenpapier abreiben. Große Pfifferlinge und Steinpilze halbieren. Cabanossi in Scheiben schneiden, in einer Pfanne knusprig anbraten und herausnehmen. Pfifferlinge und Steinpilze im Bratfett (eventuell noch 1 Esslöffel Öl hinzufügen) kräftig anbraten und mit Salz und Pfeffer würzen.

5. Pilze und Cabanossi in die Suppe geben und kurz mitköcheln lassen. Suppe vor dem Servieren nochmals mit Salz und Pfeffer abschmecken.

Spinatsuppe
So essen auch Kinder Spinat

6 Portionen – Zubereitungszeit: 30 Minuten

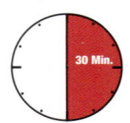

4 Scheiben	Toastbrot
20 g	Butter
1 Pck. (450 g)	gehackter TK-Spinat
1 l	Gemüsebrühe
6	Eier (Größe M)
1–2 EL	Speisestärke
300 ml	Milch
200 g	Schlagsahne
	Salz
	frisch gemahlener Pfeffer
	geriebene Muskatnuss

Pro Portion:
E: 15 g, F: 24 g, Kh: 13 g,
kJ: 1427, kcal: 341

1. Toastbrot entrinden und in Würfel schneiden. Butter in einem Topf zerlassen. Die Toastbrotwürfel darin unter Rühren bei mittlerer Hitze goldbraun rösten und herausnehmen.

2. Den unaufgetauten Spinat mit der Brühe in den Topf geben. Den Deckel auflegen und den Spinat bei mittlerer Hitze auftauen lassen.

3. In der Zwischenzeit Eier etwa 8 Minuten kochen, kalt abschrecken und pellen.

4. Speisestärke mit etwas von der Milch anrühren, zu der restlichen Milch geben und in die Spinat-Brühe-Mischung rühren. Sahne ebenfalls unterrühren. Die Suppe unter Rühren etwa 2 Minuten ohne Deckel kochen lassen.

5. Die Suppe mit Salz, Pfeffer und Muskat würzen. Eier in Stücke schneiden und mit den Brotwürfeln zu der Suppe servieren.

Spargelschaumsuppe von grünem Spargel

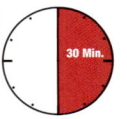

So schmeckt der Frühling

4 Portionen – Zubereitungszeit: 30 Minuten

600 g	grüner Spargel
1 l	kochendes Salzwasser
1 TL	Butter
1 TL	Zucker
200 g	neue Kartoffeln
	Salz
	frisch gemahlener Pfeffer
80 g	eiskalte Butter
einige	Kerbelstängel
12	Crevetten (Garnelen)

Pro Portion:
E: 8 g, F: 17 g, Kh: 9 g,
kJ: 938, kcal: 224

1. Vom Spargel das untere Drittel schälen und die unteren Enden abschneiden. Spargel und Schalen waschen und abtropfen lassen.

2. Die Spargelschalen in das kochende Salzwasser geben, wieder zum Kochen bringen, Butter und Zucker zugeben und zugedeckt etwa 10 Minuten bei schwacher Hitze kochen lassen. Spargelschalen auf einem Sieb abtropfen lassen und Spargelwasser dabei auffangen.

3. Inzwischen die Spargelstangen längs halbieren und quer in feine Scheiben schneiden. Kartoffeln schälen, abspülen, abtropfen lassen und grob raspeln. Spargelscheiben und Kartoffelraspel in dem Spargelwasser zugedeckt etwa 7 Minuten bei schwacher Hitze kochen lassen. Mit Salz und Pfeffer würzen.

4. Die Suppe von der Kochstelle nehmen und mit einem Mixstab fein pürieren. Butter in Stückchen hinzugeben und die Suppe nochmals kurz pürieren. Kerbelstängel waschen und trocken tupfen. Von den Crevetten eventuell den Darm entfernen, die Crevetten kurz abspülen, trocken tupfen und in die heiße Suppe geben, kurz mit erhitzen.

5. Die Suppe mit Kerbelstängeln garniert servieren.

Tipp: Zusätzlich können Sie geröstete Weißbrotwürfel zu der Suppe reichen. Dazu 2 Scheiben Weißbrot entrinden und in Würfel schneiden. 50 g Butter zerlassen und die Weißbrotwürfel darin rösten.

Fischsuppe

Leichter Genuss aus Neptuns Reich

4 Portionen – Zubereitungszeit: 30 Minuten

30 Min.

2	kleine Fenchelknollen (je 150 g)
200 g	Porree (Lauch)
2 Gläser	Fischfond (je 400 ml)
50 g	rote Linsen
2	Lorbeerblätter
150 g	Cocktailtomaten
250 g	Lachsfilet
1 Bund	Dill
	Salz
	frisch gemahlener Pfeffer
1–2 EL	Zitronensaft

Pro Portion:
E: 22 g, F: 1 g, Kh: 12 g,
kJ: 976, kcal: 233

1. Von den Fenchelknollen die Stiele dicht oberhalb der Knollen abschneiden. Braune Stellen und Blätter entfernen und die Wurzelenden gerade schneiden. Die Knollen und das Fenchelgrün waschen, abtropfen lassen, Knollen vierteln und quer in Streifen schneiden. Fenchelgrün beiseitelegen.

2. Porree putzen, die Stange längs halbieren, gründlich waschen, abtropfen lassen und in Streifen schneiden.

3. Den Fischfond in einem Topf zum Kochen bringen. Linsen hinzugeben und aufkochen lassen. Lorbeerblätter, Porree- und Fenchelstreifen hinzufügen und bei mittlerer Hitze etwa 10 Minuten garen.

4. Tomaten waschen, abtrocknen und halbieren. Lachsfilet unter fließendem kalten Wasser abspülen, trocken tupfen und in Würfel schneiden. Dill kalt abspülen und trocken tupfen. Die Spitzen von den Stängeln zupfen und klein schneiden, einige Spitzen beiseitelegen.

5. Beiseitegelegtes Fenchelgrün in Streifen schneiden. Tomatenhälften, Dill, Lachswürfel und Fenchelgrünstreifen in die Suppe geben, kurz aufkochen lassen und etwa 4 Minuten gar ziehen lassen.

6. Die Suppe mit Salz, Pfeffer und Zitronensaft würzen und mit Dillspitzen bestreuen.

Tipp: Sie können auch TK-Lachsfilet verwenden, dieses dann etwa 1 Stunde vor der Zubereitung antauen lassen.

Fadennudel-Suppe

Das schmeckt Kindern

4 Portionen – Zubereitungszeit: 20 Minuten

300 g	Möhren
1	Kohlrabi
1,5 l	Gemüsebrühe
1 Pck. (50 g)	TK-Suppengrün
100 g	Fadennudeln
200 g	gekochter Schinken, in dicken Scheiben
1 Bund	Schnittlauch
	Salz
	frisch gemahlener Pfeffer
	geriebene Muskatnuss

Pro Portion:
E: 15 g, F: 7 g, Kh: 44 g,
kJ: 1176, kcal: 279

1. Möhren putzen, schälen, waschen und abtropfen lassen. Kohlrabi schälen, waschen und abtropfen lassen. Möhren und Kohlrabi auf der groben Seite der Haushaltsreibe raspeln.

2. Gemüsebrühe in einem Topf zum Kochen bringen. Unaufgetautes Suppengrün, Fadennudeln und Gemüseraspel hinzufügen, zum Kochen bringen und etwa 5 Minuten kochen lassen.

3. In der Zwischenzeit Schinken in kurze Streifen schneiden. Schnittlauch kalt abspülen, trocken tupfen und in Röllchen schneiden.

4. Schinkenstreifen in der Suppe erhitzen. Die Suppe mit Salz, Pfeffer und Muskat abschmecken und mit Schnittlauchröllchen bestreut servieren.

Tipp: Zusätzlich 100 g in dünne Streifen geschnittene Zuckerschoten hinzufügen. Diese zusammen mit den Gemüseraspeln in die Brühe geben.

Porreecremesuppe mit Hackfleisch

Lässt sich gut vorbereiten

4 Portionen – Zubereitungszeit: 30 Minuten

1	Zwiebel
2 Stangen	Porree (Lauch, etwa 400 g)
30 g	Butter oder Margarine
250 g	Schweinegehacktes
1 l	Gemüsebrühe
	Salz
	frisch gemahlener Pfeffer
100–150 g	Sahne-Schmelzkäse-zubereitung

Pro Portion:
E: 17 g, F: 29 g, Kh: 6 g,
kJ: 1446, kcal: 346

1. Zwiebel abziehen und fein würfeln. Porree putzen, die Stangen längs halbieren, gründlich waschen und abtropfen lassen. Porree in Streifen schneiden.

2. Butter oder Margarine in einem Topf erhitzen und Zwiebelwürfel darin unter gelegentlichem Rühren andünsten. Gehacktes hinzufügen und anbraten, dabei die Fleischklümpchen mit einer Gabel zerdrücken. Porreestreifen hinzugeben und 3–4 Minuten mitdünsten lassen.

3. Brühe hinzugießen und alles mit Salz und Pfeffer würzen. Die Zutaten zum Kochen bringen und zugedeckt etwa 5 Minuten leicht köcheln lassen.

4. Schmelzkäse in die heiße Suppe geben und unter Rühren darin schmelzen lassen. Lauchcremesuppe mit Salz und Pfeffer abschmecken.

Brokkolicremesuppe

Besonders kalorienarm

4 Portionen – Zubereitungszeit: 30 Minuten

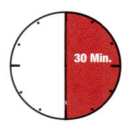

30 Min.

1 kg	Brokkoli
300 ml	Wasser
1 EL	Instant-Gemüsebrühe
500 ml	
(¹/₂ l)	Vollmilch
4 EL	Haferkleieflocken (Re-formhaus oder Bioladen)
	Salz
	frisch gemahlener weißer Pfeffer
	geriebene Muskatnuss

Pro Portion:
E: 14 g; F: 9 g; Kh: 18 g;
kJ: 866; kcal: 205

1. Von dem Brokkoli die Blätter entfernen. Brokkoli in Röschen teilen, die Stängel am Strunk schälen und klein schneiden. Die Röschen waschen und abtropfen lassen.

2. Wasser mit Gemüsebrühe und Brokkoli in einem Topf zum Kochen bringen und zugedeckt etwa 15 Minuten bei mittlerer Hitze dünsten lassen. Anschließend alles mit einem Pürierstab pürieren.

3. Milch erhitzen und nach und nach zum Brokkolipüree gießen. Die Flüssigkeit mit dem Pürierstab so lange pürieren, bis eine glatte Cremesuppe entstanden ist.

4. Haferkleieflocken unterrühren. Die Suppe unter Rühren nochmals kurz aufkochen lassen. Die Suppe mit Salz, Pfeffer und Muskat abschmecken.

Tipp: Als schnelle Verfeinerungsidee die Suppe mit Räucherlachsstreifen, Krabben, fein gewürfelten Tomatenstückchen oder Knoblauch-Croûtons servieren.

Löffelkrautsuppe mit Lachs

Für besondere Anlässe

4 Portionen – Zubereitungszeit: 20 Minuten

20 Min.

400 g	festkochende Kartoffeln
1 Bund	Frühlingszwiebeln
	(etwa 250 g)
2	große Fleischtomaten
	(etwa 400 g)
1 Topf	Löffelkraut oder Kresse
1 l	Fischfond oder -brühe
	Salz
	frisch gemahlener Pfeffer
	Knoblauchpulver

320 g	Lachsfilet
200 g	Pfahlmuschelfleisch
2 EL	Olivenöl

Pro Portion:
E: 24 g, F: 8 g, Kh: 22 g,
kJ: 1089, kcal: 260

1. Kartoffeln waschen, schälen, abspülen und in kleine Stücke schneiden. Frühlingszwiebeln putzen, waschen, abtropfen lassen und in kleine Ringe schneiden. Tomaten waschen, trocken tupfen, vierteln, entkernen und die Stängelansätze herausschneiden. Tomatenviertel in kleine Würfel schneiden. Löffelkraut abspülen und trocken tupfen. Die Blättchen von den Stängeln zupfen (einige Blättchen zum Garnieren beiseitelegen). Blättchen grob zerkleinern.

2. Fischfond oder -brühe in einem großen Topf erhitzen. Kartoffelstücke, Frühlingszwiebelringe, Tomatenwürfel und Löffelkraut hinzufügen. Mit Salz, Pfeffer und Knoblauch würzen. Die Zutaten zum Kochen bringen und zugedeckt etwa 30 Minuten garen. Die Suppe fein pürieren.

3. Lachsfilet und Muschelfleisch unter fließendem kalten Wasser abspülen und trocken tupfen. Mit Salz und Pfeffer bestreuen. Lachsfilet in Scheiben (kleine Medaillons) schneiden.

4. Olivenöl in einer Pfanne erhitzen. Lachsmedaillons und Muschelfleisch darin von beiden Seiten 2–3 Minuten braten.

5. Die Suppe in Tellern anrichten, mit Lachsmedaillons, Muschelfleisch und den beiseitegelegten Löffelkrautblättchen garnieren.

Tipp: Die Suppe kann mit Schlagsahne, Butterflöckchen oder Crème fraîche verfeinert werden.

Schnelles Spargelsüppchen
Der Klassiker – immer wieder lecker

4 Portionen – Zubereitungszeit: 35 Minuten

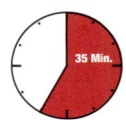

500 g	grüner Spargel, Suppen- oder Bruchspargel
700 ml	Gemüse- oder Hühner- brühe
	Salz
	frisch gemahlener Pfeffer
	Zucker
100 g	Schlagsahne
1 EL	gebräunte Mandelblättchen
	Schnittlauchröllchen

1. Vom Spargel eventuell das untere Drittel schälen, Spargel waschen und in der Brühe in etwa 15 Minuten weich kochen.

2. Mit dem Pürierstab fein pürieren und eventuell durch ein Sieb streichen.

3. Mit Salz, Pfeffer und Zucker abschmecken und Sahne unterrühren. Mit Mandelblättchen und Schnittlauchröllchen bestreut servieren. Nach Belieben mit geschlagenem Sahnehäubchen garnieren.

Pro Portion:
E: 8 g, F: 14 g, Kh: 4 g,
kJ: 774, kcal: 185

Tipp: Doppeltes Rezept zubereiten, die Suppe lässt sich gut einfrieren. In kleinen Portionen einfrieren und bei Bedarf auftauen.

Abwandlung: Als Einlage die Spargelspitzen verwenden, diese dann nur 10 Minuten garen und vorher herausnehmen. Oder als Einlage Shrimps oder Krabben verwenden. Gut schmeckt die Suppe auch mit gerösteten Weißbrotwürfeln oder mit Schinkenstreifen.

Spinatcremesuppe mit Räucherforelle

Einfach und trotzdem raffiniert

4 Portionen – Zubereitungszeit: 20 Minuten

500 g	Spinat
1	Zwiebel
1	Knoblauchzehe
40 g	Butter
2 EL	Mehl
800 ml	Gemüsebrühe
1 Becher	
(150 g)	Crème fraîche
	Zucker
	Salz
	frisch gemahlener Pfeffer
	geriebene Muskatnuss
125 g	geräuchertes Forellenfilet

Pro Portion:

E: 12 g, F: 21 g, Kh: 9 g,
kJ: 1162, kcal: 279

1. Spinat verlesen, gründlich waschen, abtropfen lassen und in kochendem Wasser 1 Minute blanchieren. Spinat abgießen, kalt abspülen und abtropfen lassen.

2. Zwiebel und Knoblauch abziehen und in feine Würfel schneiden. Butter in einem Topf erhitzen und Zwiebel- und Knoblauchwürfel darin anschwitzen, mit Mehl bestäuben, mit einem Schneebesen gut verrühren und das Mehl etwa 1 Minute rösten.

3. Mit Brühe und Crème fraîche auffüllen, dabei ständig rühren und aufkochen lassen, etwa 5 Minuten köcheln lassen. Spinat fein zerhacken, zur Suppe geben und mit Zucker, Salz, Pfeffer und Muskat abschmecken.

4. In Suppentassen füllen und darauf die in Stücke geschnittenen Forellenfilets verteilen.

Beilage: Frisches Körnerbaguette.

Tipp: Anstatt Räucherforelle können Sie auch Räucherlachs verwenden.

Rumpsteaks mit gedünsteten Schalotten

Für besondere Anlässe – mit Alkohol

4 Portionen – Zubereitungszeit: 30 Minuten

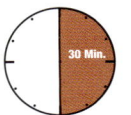
30 Min.

750 g	Schalotten
40 g	Butter
4 EL	Weißwein
1 TL	eingelegter, grüner Pfeffer (in Lake)
	Salz
	frisch gemahlener Pfeffer
4	Rumpsteaks (je etwa 200 g)
2 EL	Speiseöl
1 EL	Butter
2 EL	Weißwein

Pro Portion:

E: 48 g, F: 27 g, Kh: 6 g,
kJ: 1961, kcal: 468

1. Schalotten abziehen, große Schalotten halbieren. Butter in einer Pfanne zerlassen und Schalotten unter mehrmaligem Wenden darin andünsten. Wein und grünen Pfeffer hinzufügen und mit Salz und Pfeffer würzen. Die Schalotten zum Kochen bringen und zugedeckt etwa 10 Minuten dünsten, dabei ab und zu umrühren.

2. Rumpsteaks kurz unter fließendem kalten Wasser abspülen und trocken tupfen. Die Sehnen an den Rändern etwas einschneiden.

3. Speiseöl in einer zweiten Pfanne erhitzen und Butter darin zerlassen. Die Rumpsteaks hinzufügen und von jeder Seite etwa 4 Minuten braten, herausnehmen und mit Salz und Pfeffer bestreuen. Die Rumpsteaks auf einer vorgewärmten Platte anrichten, mit Alufolie zudecken und etwa 10 Minuten ruhen lassen oder im vorgeheizten Backofen bei etwa 80 °C warm stellen.

4. Weißwein zum Bratensatz geben und unter Rühren loskochen. Den Weinsud auf den Rumpsteaks verteilen. Schalotten mit auf der Platte anrichten.

Beilage: Röstkartoffeln und gemischter Salat.

Rumpsteaks mit Zwiebeln

So schmeckt es wie im Steak-House

4 Portionen – Zubereitungszeit: 20 Minuten

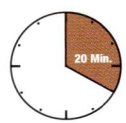

2	große Zwiebeln
4	Rumpsteaks (je etwa 200 g)
3–4 EL	Speiseöl
	Salz
	frisch gemahlener Pfeffer
etwas	Steak-Gewürz

Pro Portion:

E: 46 g, F: 18 g, Kh: 2 g,
kJ: 1471, kcal: 351

1. Zwiebeln abziehen, halbieren und in Scheiben schneiden. Rumpsteaks kurz unter fließendem kalten Wasser abspülen, trocken tupfen und an den Rändern etwas einschneiden.

2. Speiseöl in einer Pfanne erhitzen. Rumpsteaks hinzufügen und kurz von beiden Seiten anbraten. Die Steaks mit Salz, Pfeffer und Steak-Gewürz bestreuen und von jeder Seite 3–4 Minuten braten. Die Rumpsteaks dabei häufiger mit dem Bratfett aus der Pfanne begießen, damit sie saftig bleiben.

3. Die Steaks aus der Pfanne nehmen, auf einer vorgewärmten Platte anrichten, mit Alufolie zudecken und warm stellen.

4. Die Zwiebelscheiben mit Salz und Pfeffer würzen und in dem verbliebenen Bratfett unter mehrmaligem Wenden einige Minuten bräunen lassen. Zwiebelscheiben auf den warm gestellten Rumpsteaks verteilen und sofort servieren.

Variante: Rumpsteaks mit Pfeffersauce: Dazu 4 Rumpsteaks kalt abspülen, gut trocken tupfen und von beiden Seiten mit Pfeffer bestreuen. Etwas Butterschmalz oder Speiseöl in einer Pfanne erhitzen. Die Steaks wie unter Punkt 2 beschrieben braten. Steaks etwas salzen, herausnehmen, mit Alufolie zudecken und warm stellen. 200 ml Wasser zum Bratensatz in die Pfanne gießen. 1 Päckchen Rahmsauce [für 250 ml ($1/4$ l) Flüssigkeit] unterrühren und kurz aufkochen lassen. 1 Esslöffel in Lake eingelegte Pfefferkörner (Glas) hinzufügen und 2–3 Minuten mitkochen lassen. 100 g Sahne unterrühren. Die Pfeffersauce zu den Steaks reichen.

Filetsteaks mit Austernpilzen

Für Gäste – enthält Alkohol

4 Portionen – Zubereitungszeit: 25 Minuten

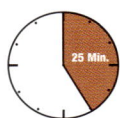

3 EL	Speiseöl
4	Filetsteaks (je etwa 175 g)
	Salz
	frisch gemahlener Pfeffer
6 EL	Weinbrand
250 g	Austernpilze
2	Schalotten
1	Knoblauchzehe
1 EL	Butter
1 Becher	
(150 g)	Crème fraîche
1 TL	zerdrückte, grüne
	Pfefferkörner (in Lake)
	Pilz-Sojasauce

Pro Portion:

E: 41 g, F: 30 g, Kh: 3 g,
kJ: 1937, kcal: 464

1. Speiseöl in einer Pfanne erhitzen und Filetsteaks darin von jeder Seite 4–5 Minuten anbraten. Steaks mit Salz und Pfeffer bestreuen und mit Weinbrand flambieren. Die Filetsteaks herausnehmen und auf einen vorgewärmten tiefen Teller legen. Mit einem zweiten tiefen Teller zudecken und warm stellen.

2. Den Bratensatz in ein Töpfchen geben und warm stellen. Austernpilze putzen, mit Küchenpapier abreiben, eventuell abspülen, trocken tupfen und in Streifen schneiden. Schalotten und Knoblauch abziehen und klein würfeln.

3. Butter in der Pfanne erhitzen und Schalotten- und Knoblauchwürfel darin andünsten. Austernpilze zu den Schalotten- und Knoblauchwürfeln geben und 4–5 Minuten mitdünsten. Austernpilze mit Salz und Pfeffer bestreuen.

4. Warm gestellten Bratensatz mit Crème fraîche und Pfefferkörnern zu den Austernpilzen geben und mit erhitzen, mit Sojasauce abschmecken.

5. Die Austernpilze mit den Filetsteaks auf vorgewärmten Tellern anrichten und sofort servieren.

Tipp: Zusätzlich zu den Austernpilzen 250 g kleine, geputzte Champignons mitbraten.

Rinderfilet „Lukullus"

Einfach lecker

2 Portionen – Zubereitungszeit: 15 Minuten

15 Min.

2	Rinderfiletsteaks (je etwa 180 g)
	Salz
	gerebelter Majoran
	grob gemahlener Pfeffer
1 TL	Tomatenmark
	eventuell gehackte, frische Petersilie oder Thymianblättchen

Außerdem:

Alufolie

Pro Portion:

E: 38 g, F: 7 g, Kh: 1 g,
kJ: 928, kcal: 221

1. Den Backofen vorheizen. Rinderfiletsteaks kurz unter fließendem kalten Wasser abspülen und trocken tupfen. Filetsteaks mit Salz, Majoran und Pfeffer einreiben und mit Tomatenmark bestreichen.

2. Die Filetsteaks in Alufolie einwickeln und auf ein Backblech legen. Das Backblech in den vorgeheizten Backofen schieben.

Ober-/Unterhitze: etwa 240 °C
Heißluft: etwa 220 °C
Garzeit: etwa 16 Minuten.

3. Nach etwa 10 Minuten Garzeit die Alufolie öffnen. Die Filetsteaks nochmals etwa 6 Minuten bräunen lassen.

4. Die Filetsteaks vom Backblech nehmen und in der Alufolie servieren. Nach Belieben mit Petersilie oder Thymianblättchen bestreuen.

Beilage: Röstkartoffeln und Blattsalat.

Abwandlung: Nach Belieben frische Champignonscheiben und abgezogene, geviertelte Tomaten mitgaren lassen.

Filetsteak Mustard
Raffiniert gewürzt

4 Portionen – Zubereitungszeit: 25 Minuten, ohne Ruhezeit

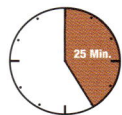

25 Min.

4	Rinderfiletsteaks (je etwa 150 g)
	Salz
	frisch gemahlener Pfeffer
2	Zwiebeln
2–4 EL	englisches Senfpulver (Mustard)
2	Eier (Größe M)
2 TL	frisch gehackte Petersilie
1 EL	Crème fraîche
2 geh. EL (30 g)	Weizenmehl
2 EL	Butterschmalz

1. Filetsteaks kurz unter fließendem kalten Wasser abspülen und trocken tupfen. Filetsteaks leicht flach drücken. Mit Salz und Pfeffer bestreuen.

2. Zwiebeln abziehen und in kleine Würfel schneiden. Mit Senfpulver, Eiern, Petersilie, Crème fraîche und Mehl zu einer glatten Masse verrühren. Die Filetsteaks darin wenden.

3. Butterschmalz in einer Pfanne erhitzen. Die Filetsteaks hinzufügen und von jeder Seite 3 Minuten braten, bis sie goldgelb sind. Filetsteaks herausnehmen, auf eine Platte legen und zugedeckt im vorgeheizten Backofen bei Ober-/Unterhitze: etwa 80 °C etwa 10 Minuten ruhen lassen.

4. Restliche Eier-Petersilien-Masse (Panade) in die Pfanne mit dem Bratensatz geben, goldgelb backen, herausnehmen und zu den Filetsteaks reichen.

Beilage: Pommes frites oder Röstkartoffeln und grüner Salat.

Pro Portion:
E: 39 g, F: 22 g, Kh: 13 g,
kJ: 1687, kcal: 403

Angebratenes Tatar vom Rind

Für Gäste – raffiniert

4 Portionen – Zubereitungszeit: 30 Minuten

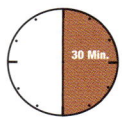

2	Schalotten
1	kleine Gewürzgurke
2	Sardellenfilets
600–800 g	Rindertatar
1 TL	Tomaten-Ketchup
1 TL	mittelscharfer Senf
2	Eigelb (Größe M)
	Salz
	frisch geriebene Muskatnuss
	frisch gemahlener Pfeffer
2 EL	Sonnenblumenöl

Pro Portion:

E: 41 g, F: 14 g, Kh: 1 g,
kJ: 1220, kcal: 292, BE: 0

1. Schalotten abziehen, in kleine Würfel schneiden, in kochendem Salzwasser kurz blanchieren und in kaltem Wasser abschrecken. Gewürzgurke ebenfalls in kleine Würfel schneiden. Sardellenfilets klein hacken. Rindertatar in eine große Schüssel geben. Die vorbereiteten Zutaten mit Ketchup, Senf und Eigelb zum Tatar in die Schüssel geben und gut vermengen. Mit Salz, Muskat und Pfeffer gut würzen.

2. Aus der Masse mit angefeuchteten Händen 4 gleich große Frikadellen formen, mit einem Messer von beiden Seiten ein Gittermuster in den Fleischteig drücken.

3. Sonnenblumenöl in einer Pfanne erhitzen. Die Frikadellen von jeder Seite etwa 2 Minuten anbraten, herausnehmen und sofort servieren.

Tipp: Tatar wird aus sehnen- und fettarmem Muskelfleisch des Rindes hergestellt. Der Fettanteil beträgt maximal 6%.

Kalbsmedaillons in Gorgonzola

Für Gäste und besondere Anlässe

6 Portionen – Zubereitungszeit: 20 Minuten

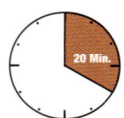

Für die Kalbsmedaillons:

800 g	Kalbsfilet
	Salz
	frisch gemahlener Pfeffer
	frisch gehackte Oregano-
	oder Majoranblättchen
2 EL	Butterschmalz

Für die Gorgonzolasauce:

320 g	Gorgonzola
	(Blauschimmelkäse)
500 g	Schlagsahne
	frisch gemahlener,
	weißer Pfeffer

Pro Portion:

E: 38 g, F: 53 g, Kh: 3 g,
kJ: 2717, kcal: 653

1. Für die Medaillons Kalbsfilet von Haut und Sehnen befreien. Kalbsfilet unter fließendem kalten Wasser abspülen und trocken tupfen. Kalbsfilet in 2–3 cm dicke Scheiben (Medaillons) schneiden. Medaillons mit Salz und Pfeffer würzen und mit Oregano- oder Majoranblättchen bestreuen.

2. Butterschmalz in einer Pfanne erhitzen. Medaillons hinzufügen und von beiden Seiten 4–6 Minuten braten. Medaillons herausnehmen, auf vorgewärmten Tellern anrichten und warm stellen.

3. Für die Sauce Gorgonzola zerbröseln und zum Bratensatz in die Pfanne geben. Sahne hinzufügen und unter Rühren zum Kochen bringen. Die Sauce bei schwacher Hitze cremig einkochen lassen. Mit Salz und Pfeffer abschmecken.

4. Die Kalbsmedaillons mit der Gorgonzolasauce übergießen und sofort servieren.

Beilage: Brokkoli, Romanesco, Stangenspargel, Salzkartoffeln oder Butternudeln.

Tipp: Die gebratenen Kalbsmedaillons in die fertig zubereitete Sauce legen und noch einige Minuten ziehen lassen.

Kalbsmedaillons in Portweinsauce

Einfach lecker – enthält Alkohol

4 Portionen – Zubereitungszeit: 25 Minuten

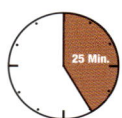

600 g	Kalbsfilet
	Salz
	frisch gemahlener Pfeffer
2 EL	Weizenmehl
70 g	Butter
100 ml	Weißwein
50 ml	Portwein
1 Becher	
(150 g)	Crème fraîche

Pro Portion:
E: 31 g, F: 31 g, Kh: 6 g,
kJ: 1907, kcal: 457

1. Kalbsfilet von Fett und Sehnen befreien. Kalbsfilet unter fließendem kalten Wasser abspülen, trocken tupfen und in acht gleich große Stücke schneiden. Filetstücke mit Salz und Pfeffer würzen und in Mehl wenden.

2. Butter in einer Pfanne zerlassen. Medaillons darin von jeder Seite etwa 3 Minuten medium braten, herausnehmen und warm stellen.

3. Den Bratensatz mit Weißwein ablöschen und den Wein fast vollständig einkochen lassen.

4. Portwein und Crème fraîche hinzufügen und zum Kochen bringen. Die Sauce etwas einkochen lassen und mit Salz und Pfeffer abschmecken.

5. Medaillons auf Tellern anrichten und mit der Sauce servieren.

Tipp: Anstelle von Kalbsfilet können Sie auch Rinderfilet verwenden. Dann keine Crème fraîche unterrühren.

Gebratene Leber

Schnell und einfach lecker

2 Portionen – Zubereitungszeit: 25 Minuten

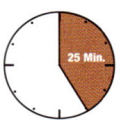

4 Scheiben	Kalbsleber (je 100 g)
20 g	Weizenmehl
50 g	Margarine
	Salz
2	Zwiebeln
2	Äpfel
50 g	Zucker
2 cl	Calvados (Apfelbrannt-wein)
etwas	Wasser oder Hühnerbrühe

Pro Portion:

E: 42 g, F: 15 g, Kh: 56 g,
kJ: 2337, kcal: 559

1. Die Leber unter fließendem kalten Wasser abspülen, trocken tupfen, von der feinen Haut befreien, eventuell Sehnen und Röhren entfernen und die Leber in Mehl wenden.

2. Die Margarine in einer Pfanne erhitzen. Die Leber darin von jeder Seite 3–4 Minuten braten lassen, mit Salz bestreuen, aus der Pfanne nehmen und warm stellen.

3. Die Zwiebeln abziehen, in feine Ringe schneiden, in die Pfanne geben und unter Wenden 8–10 Minuten bräunen lassen.

4. Die Äpfel schälen, Kerngehäuse herausschneiden und Äpfel achteln. Zucker in einer Pfanne karamellisieren lassen (leicht bräunen). Apfelachtel dazugeben, kurz durchschwenken und dann mit Calvados ablöschen.

5. Die Leber mit den Zwiebeln auf einer vorgewärmten Platte anrichten. Den Bratensatz mit Wasser oder Brühe loskochen. Bratensatz über die Leberscheiben gießen und die Leber mit den Apfelstücken servieren.

Tipp: Die Apfelspalten vor dem Ablöschen mit 1 Esslöffel Madras-Currypulver bestäuben und nochmals durchschwenken. Das Kartoffelpüree als Beilage mit fein gehacktem Thymian verfeinern.

Kalbsragout mit Austernpilzen

Für Gäste – enthält Alkohol

4 Portionen – Zubereitungszeit: 35 Minuten

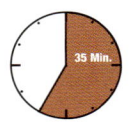

250 g	kleine Austernpilze
1	Kalbsfilet (etwa 500 g)
2 EL	Butterschmalz
	Salz
	frisch gemahlener Pfeffer
2–3 EL	Weißwein
200 g	Crème fraîche
2	Tomaten
125 g	blanchierte Zuckerschoten

Pro Portion:

E: 29 g, F: 33 g, Kh: 7 g,
kJ: 2040, kcal: 488

1. Austernpilze putzen, mit Küchenpapier abreiben, eventuell kurz abspülen und trocken tupfen.

2. Kalbsfilet unter fließendem kalten Wasser abspülen und trocken tupfen. Kalbsfilet zuerst in dünne Scheiben, dann in Streifen schneiden.

3. Butterschmalz in einer Pfanne erhitzen. Die Fleischstreifen darin portionsweise gut anbraten. Austernpilze hinzufügen, mit Salz und Pfeffer würzen und mit Wein ablöschen.

4. Crème fraîche unterrühren. Die Zutaten zum Kochen bringen und cremig einkochen lassen.

5. Tomaten waschen, kreuzweise einschneiden und einige Sekunden in kochendes Wasser legen. Tomaten kalt abschrecken, enthäuten, halbieren, entkernen und die Stängelansätze herausschneiden. Tomatenhälften in Würfel schneiden und mit den blanchierten Zuckerschoten in die Sauce geben. Ragout kurz erhitzen und sofort servieren.

Beilage: Basmatireis.

Kalbsleber in Balsamico-Oregano-Sauce

Darüber freuen sich Gäste

4 Portionen – Zubereitungszeit: 25 Minuten

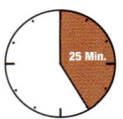

500 g	Kalbsleber, in Scheiben
2	Frühlingszwiebeln (etwa 130 g)
1 kleines Bund	Oregano
2 EL	Olivenöl
	Salz
	frisch gemahlener Pfeffer
20 g	Butter
2 EL	dunkler Balsamico-Essig
200 ml	Rindfleischfond oder -brühe
4 EL	Crema di Balsamico
einige	vorbereitete Oregano-blättchen zum Bestreuen

Pro Portion:
E: 26 g, F: 15 g, Kh: 9 g,
kJ: 1146, kcal: 274

1. Leberscheiben kurz unter fließendem kalten Wasser abspülen, trocken tupfen und in kleine Stücke oder Streifen schneiden.

2. Frühlingszwiebeln putzen, waschen, abtropfen lassen und in Ringe schneiden. Oregano abspülen und trocken tupfen. Die Blättchen von den Stängeln zupfen. Blättchen grob zerkleinern.

3. Olivenöl in einer Pfanne erhitzen und Leberstücke oder -streifen darin von allen Seiten anbraten, herausnehmen und mit Salz und Pfeffer bestreuen. Leberstücke oder -streifen auf einen vorgewärmten Teller legen, auf dem Rost in den vorgeheizten Backofen schieben und bei Ober-/Unterhitze: etwa 80 °C, Heißluft: etwa 60 °C warm halten.

4. Butter in dem verbliebenen Bratfett zerlassen. Zwiebelringe und Oregano darin andünsten. Mit Balsamico-Essig und Fond oder Brühe ablöschen. Die Sauce zum Kochen bringen und um die Hälfte einkochen lassen. Mit Salz, Pfeffer und Crema di Balsamico abschmecken.

5. Warm gestellte Leberstücke oder -streifen nochmals in der Sauce erhitzen.

6. Kalbsleber mit Oreganoblättchen bestreut servieren.

Beilage: Frische oder TK-Rösti oder Sahnepüree.

Tipp: Wem die Sauce zu dünn erscheint, kann sie mit etwas braunem Saucenbinder andicken.

Saltimbocca alla romana

Schnitzeljagd auf römisch

4 Portionen – Zubereitungszeit: 30 Minuten

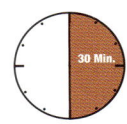

30 Min.

4 dünne	
Scheiben	Kalbfleisch aus der Keule (je 100 g)
8	Salbeiblätter
4 Scheiben	Parmaschinken
	Salz
	frisch gemahlener Pfeffer
20 g	Weizenmehl
2–3 EL	Speiseöl
	Holzstäbchen

Für die Sauce:

125 ml	
(¹/₈ l)	Weißwein
125 g	Crème double
	Salz
	frisch gemahlener Pfeffer
	Zucker

Pro Portion:

E: 25 g, F: 22 g, Kh: 4 g,
kJ: 1388, kcal: 334

1. Kalbfleisch und Salbeiblätter kalt abspülen und trocken tupfen. Kalbfleisch- und Parmaschinkenscheiben halbieren. Auf jede halbe Kalbfleischscheibe eine halbe Parmaschinkenscheibe und 1 Salbeiblatt legen und mit Holzstäbchen von oben feststecken. Von beiden Seiten mit Salz und Pfeffer bestreuen und in Mehl wenden.

2. Öl in einer Pfanne erhitzen und das Fleisch von jeder Seite 3–4 Minuten braten. Auf einen vorgewärmten Teller legen und mit einem zweiten Teller bedecken.

3. Für die Sauce den Bratensatz mit Weißwein loskochen und etwas einkochen. Crème double unterrühren, kurz erhitzen und mit Salz, Pfeffer und Zucker abschmecken. Den ausgetretenen Fleischsaft unterrühren. Die Sauce über das Fleisch geben.

Beilage: Nudeln oder Reis.

Tipp: Statt Kalbfleisch kann man auch Schweine- oder Putenschnitzel verwenden. Anstelle von Crème double Mascarpone verwenden.

Kalbsröllchen mit Roquefort-Sauce

(Topf mit Dämpfeinsatz Ø etwa 24 cm)
Etwas Besonderes für Sonn- und Feiertage
4 Portionen – Zubereitungszeit: 25 Minuten

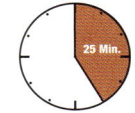

25 Min.

16	getrocknete Tomaten in Öl eingelegt
100 g	Rucola (Rauke)
8	dünne Kalbsschnitzel (je etwa 80 g)
	Salz
	frisch gemahlener Pfeffer
250 ml	
(¼ l)	Hühnerbrühe
100 g	Roquefort-Käse
8	Holzspießchen

Pro Portion:
E: 43 g, F: 16 g, Kh: 9 g,
kJ: 1481, kcal: 353

1. Die Tomaten auf einem Sieb abtropfen lassen. Rucola waschen, trocken tupfen und dickere Stängel abschneiden.

2. Kalbsschnitzel unter fließendem kalten Wasser abspülen, trocken tupfen und jeweils von beiden Seiten mit Salz und Pfeffer bestreuen. Schnitzel mit Rucola und jeweils 2 Tomaten belegen. Schnitzel von der kurzen Seite her aufrollen und mit je einem Holzspießchen feststecken.

3. Die Hühnerbrühe in einem Topf zum Kochen bringen und dann bei mittlerer Hitze leicht köcheln lassen. Die Hälfte der Kalbsröllchen in den Dämpfeinsatz (dünn mit Speiseöl ausgestrichen) legen und den Einsatz in den Topf hängen. Den Topf mit einem Deckel verschließen und die Kalbsröllchen 12–15 Minuten dämpfen.

4. Kalbsröllchen vorsichtig aus dem Dampf nehmen, warm stellen und die restlichen Kalbsröllchen auf die gleiche Weise zubereiten, eventuell etwas Wasser nachgießen. Den Dämpfeinsatz aus dem Topf nehmen.

5. Roquefort-Käse in kleine Stücke schneiden und in die köchelnde Hühnerbrühe geben. Sauce pürieren, je nach Saucenkonsistenz noch etwas heiße Brühe oder Wasser nachgießen. Sauce mit Salz und Pfeffer abschmecken.

6. Die Holzspießchen aus den Kalbsröllchen entfernen. Kalbsröllchen mit der Sauce servieren.

Gegrillte Lammrückenfilets
So schmeckt der Sommer

4 Portionen – Zubereitungszeit: 20 Minuten, ohne Abkühlzeit

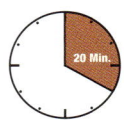

1	Zwiebel
1	rote Paprikaschote (150 g)
1	kleine Zucchini (100 g)
4 EL	Olivenöl
12	schwarze Oliven, entsteint
1/2 EL	fein gehackter, frischer Thymian
100 ml	Fleischbrühe
	Salz
	frisch gemahlener Pfeffer
4	Lammrückenfilets (je 150 g)
	Olivenöl
150 ml	Remoulade

Pro Portion:
E: 31 g, F: 56 g, Kh: 9 g,
kJ: 2769, kcal: 662

1. Zwiebel abziehen und in kleine Würfel schneiden. Paprika halbieren, entstielen, entkernen und die weißen Scheidewände entfernen. Die Schote waschen, trocken tupfen und ebenfalls in kleine Würfel schneiden (1 Esslöffel Paprikawürfel beiseitelegen). Zucchini waschen, abtrocknen und die Enden abschneiden. Zucchini fein würfeln.

2. Olivenöl in einem Topf erhitzen und vorbereitete Gemüsewürfel darin andünsten. 7 Oliven vierteln, restliche Oliven klein hacken und beiseitelegen. Olivenviertel und Thymian zu den Gemüsewürfeln geben, Brühe hinzugießen und mit Salz und Pfeffer abschmecken. Das Gemüse etwa 5 Minuten dünsten, abkühlen lassen.

3. Lammrückenfilets unter fließendem kalten Wasser abspülen, trocken tupfen und mit Salz und Pfeffer würzen, mit Olivenöl bestreichen. Die Filets unter dem vorgeheizten Grill von jeder Seite etwa 5 Minuten rosa grillen. Die Filets in Alufolie wickeln und etwa 5 Minuten nachziehen lassen.

4. Remoulade mit den beiseitegelegten Olivenstücken und Paprikawürfeln vermengen und kurz durchziehen lassen.

5. Die Filets mit dem Gemüse und der Remoulade anrichten.

Lammrückenfilets über Minze gedämpft

Zubereitung im Bambusdämpfer (Ø etwa 26 cm)

2 Portionen – Zubereitungszeit: 30 Minuten

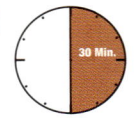

200 g	Brechbohnen
200 g	Stangenbohnen
2	Bio-Limetten
	(unbehandelt)
1 Topf	Pfefferminze

etwa 350 g	Lammrückenfilets
2	Knoblauchzehen
	Salz
	frisch gemahlener Pfeffer
1 EL	Butter

Pro Portion:
E: 40 g, F: 15 g, Kh: 11 g,
kJ: 1442, kcal: 344

1. Von den Bohnen die Enden abschneiden, die Bohnen eventuell abfädeln, waschen, abtropfen lassen und schräg in 3–4 cm lange Stücke schneiden. Die Bohnen gleichmäßig verteilt in einen Dämpfeinsatz (dünn mit Speiseöl ausgestrichen) legen.

2. Limetten heiß abwaschen, abtrocknen und die Schale mit einem Sparschäler dünn schälen. Schale klein schneiden. Minze abspülen und trocken tupfen. Von 5 Minzestängeln die Blättchen von den Stängeln zupfen. Blättchen klein schneiden.

3. Eine große Pfanne oder einen Wok etwa 3 cm hoch mit Wasser füllen. Restliche Minzestängel hinzufügen und das Wasser zum Kochen bringen. Den Dämpfeinsatz mit den Bohnen in die Pfanne oder den Wok stellen und mit dem Deckel verschließen. Bohnen etwa 15 Minuten dämpfen.

4. Lammrückenfilets kalt abspülen und trocken tupfen. Knoblauch abziehen und fein hacken. Knoblauch mit Limettenschale und klein geschnittener Minze vermischen, mit Salz und Pfeffer würzen und auf einen großen flachen Teller geben. Die Lammrückenfilets darin wälzen.

5. Die Lammrückenfilets in den zweiten Dämpfeinsatz (dünn mit Speiseöl ausgestrichen) legen. Den Einsatz vorsichtig auf den Dämpfeinsatz mit den Bohnen stellen und mit dem Deckel verschließen. Die Filets 8–10 Minuten dämpfen (je nach Dicke).

6. Butter in einem Topf zerlassen und die Bohnen darin schwenken, mit Salz und Pfeffer würzen. Lammrückenfilets schräg in Stücke schneiden, mit den Bohnen auf vorgewärmte Teller geben.

Lamm-Piccata mit Austernpilzen

Für ein „Dinner for two"

2 Portionen – Zubereitungszeit: 30 Minuten

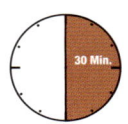

30 Min.

300 g	TK-Kartoffel-Wedges
300 g	Lammfilet
2 Stängel	Rosmarin
1	Ei (Größe M)
2 EL	geriebener Parmesan
	Salz
	frisch gemahlener Pfeffer
4 EL	Olivenöl
400 g	Austernpilze
60 g	getrocknete Tomaten, in Öl
4	Frühlingszwiebeln
1	Knoblauchzehe
4 EL	Olivenöl

Pro Portion:
E: 46 g, F: 52 g, Kh: 43 g,
kJ: 3377, kcal: 807

1. Kartoffel-Wedges auf ein Backblech (mit Backpapier belegt) legen und nach Packungsanleitung zubereiten.

2. Lammfilet unter fließendem kalten Wasser abspülen, trocken tupfen und in etwa 4 cm breite Stücke schneiden. Rosmarin abspülen, trocken tupfen und von einem Stängel die Nadeln zupfen, Nadeln fein hacken. Den zweiten Stängel in kleinere Stücke zupfen und zum Garnieren beiseitelegen.

3. Ei mit Parmesan und gehackten Rosmarinnadeln verschlagen. Die Lammfiletstücke mit Salz und Pfeffer würzen und von allen Seiten in der Eipanade wenden. Öl in einer Pfanne erhitzen und die Lammstücke darin bei mittlerer Hitze vorsichtig von allen Seiten 10–12 Minuten braten.

4. Austernpilze putzen und die dicken Stiele entfernen. Pilze mit Küchenpapier abreiben, eventuell abspülen und trocken tupfen. Tomaten abtropfen lassen und in feine Streifen schneiden. Frühlingszwiebeln putzen, waschen, abtropfen lassen und in etwa 1 cm große Stücke schneiden. Knoblauch abziehen und fein hacken.

5. Öl in einer Pfanne erhitzen und die Austernpilze unter Rühren darin etwa 6 Minuten braten, Tomatenstreifen und Frühlingszwiebelstücke hinzufügen und kurz mitbraten. Austernpilze mit Salz, Pfeffer und gehacktem Knoblauch würzen.

6. Die Piccata mit Pilzen und Kartoffel-Wedges servieren und mit beiseitegelegtem Rosmarin garnieren.

Lammsteaks mit Orangensauce

Ersetzt den Sonntagsbraten – mit Alkohol

4 Portionen – Zubereitungszeit: 20 Minuten

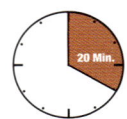

500 g	ausgelöstes Lammrückenfilet
2 EL	Olivenöl
	Salz
	frisch gemahlener Pfeffer
1 Zweig	Rosmarin
2	Knoblauchzehen
200 ml	Weißwein
	Schale und Saft von
2	Bio-Orangen (unbehandelt)
1–2 EL	Cognac oder Metaxa
	Salz
	frisch gemahlener Pfeffer
	Currypulver
1 Becher (150 g)	Crème fraîche oder 1 Becher (125 g) Crème double
evtl. etwas	Weizenmehl

1. Lammrückenfilet unter fließendem kalten Wasser abspülen und trocken tupfen. Das Filet in 12 gleich große Medaillons schneiden und etwas flach drücken.

2. Olivenöl in einer großen Pfanne erhitzen. Lammfilets hinzufügen und von jeder Seite etwa 2 Minuten anbraten. Mit Salz und Pfeffer würzen. Lammfilets herausnehmen, auf einer vorgewärmten Platte anrichten und warm stellen.

3. Rosmarinzweig abspülen und trocken tupfen. Knoblauch abziehen und fein würfeln. Rosmarinzweig und Knoblauch zum Bratensatz in die Pfanne geben und kurz andünsten lassen. Wein, Orangenschale und -saft hinzugeben, den Bratensatz unter Rühren vom Boden lösen und zum Kochen bringen. Die Sauce bis zur Hälfte einkochen lassen, bis sie leicht sämig ist, eventuell mit angerührtem Mehl andicken. Mit Cognac oder Metaxa und Salz, Pfeffer, Curry abschmecken und Crème fraîche oder Crème double unterrühren.

Pro Portion:
E: 26 g, F: 30 g, Kh: 10 g,
kJ: 1934, kcal: 464

Beilage: Rosmarinkartoffeln und Salat.

Kräuterrouladen mit Möhren

Das mögen Kinder

4 Portionen – Zubereitungszeit: 30 Minuten

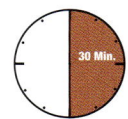

30 Min.

4	dünne Schweineschnitzel (je etwa 100 g)
	Salz
	frisch gemahlener Pfeffer
4 TL	mittelscharfer Senf
1 Pck.	gemischte TK-Kräuter
750 g	Möhren
1 EL	Speiseöl
300 ml	Fleischbrühe
2 l	Wasser
2 TL	Salz
250 g	Nudeln, z. B. Tagliatelle (Bandnudeln)
1/2 Bund	glatte Petersilie
1 leicht geh. EL	Crème fraîche

Außerdem:

Holzstäbchen

Pro Portion:

E: 32 g; F: 9 g; Kh: 51 g; kJ: 1749; kcal: 418

1. Schnitzel unter fließendem kalten Wasser abspülen, trocken tupfen, in einen Gefrierbeutel geben und flachklopfen. Schnitzel aus dem Beutel nehmen, mit Salz und Pfeffer würzen und mit Senf bestreichen. Die Kräuter darauf verteilen. Die Schnitzel von der schmalen Seite her aufrollen und jeweils mit einem Holzstäbchen feststecken.

2. Möhren putzen, schälen, waschen, abtropfen lassen und in Scheiben schneiden.

3. Öl in einer großen Pfanne erhitzen und die Rouladen von allen Seiten darin anbraten. Möhrenscheiben und Brühe hinzugeben und alles mit Salz und Pfeffer würzen. Rouladen zugedeckt bei mittlerer Hitze 10–15 Minuten garen lassen.

4. Wasser in einem großen geschlossenen Topf zum Kochen bringen. Salz und Nudeln hinzugeben und die Nudeln nach Packungsanleitung bissfest kochen, dabei gelegentlich umrühren. Anschließend die Nudeln auf ein Sieb geben, mit heißem Wasser abspülen und abtropfen lassen.

5. Petersilie abspülen, trocken tupfen, die Blättchen von den Stängeln zupfen und fein hacken. Nudeln in eine Schüssel geben, mit der Petersilie bestreuen und warm stellen.

6. Kräuterrouladen aus der Pfanne nehmen, Holzstäbchen entfernen und Rouladen ebenfalls warm stellen. Crème fraîche unter die Möhrenscheiben rühren und nochmals mit Salz und Pfeffer abschmecken.

Hähnchenfilet auf buntem Gemüse

Besonders fettarm, trotzdem reich an Geschmack

2 Portionen – Zubereitungszeit: 25 Minuten

25 Min.

300 g	Hähnchenbrustfilet
	Salz
	frisch gemahlener Pfeffer
1 EL	Olivenöl
2	Knoblauchzehen
2	Zwiebeln (je 50 g)
2	gelbe Paprikaschoten
	(je 200 g)
1	Aubergine (400 g)
5	Tomaten (je 50 g)
4 Stängel	Majoran- oder Basilikum
1 TL	Weißweinessig
1/2 TL	Zucker
1 TL	Gyros-Gewürzmischung

Pro Portion:
E: 41 g, F: 7 g, Kh: 20 g,
kJ: 1336, kcal: 319

1. Hähnchenbrustfilet unter fließendem kalten Wasser abspülen, trocken tupfen und mit Salz und Pfeffer bestreuen. Olivenöl in einer Pfanne erhitzen. Hähnchenbrustfilet darin von allen Seiten gut anbraten und etwa 6 Minuten garen.

2. Knoblauch und Zwiebeln abziehen und fein würfeln. Paprikaschoten halbieren, entstielen, entkernen und die weißen Scheidewände entfernen. Schoten waschen, abtropfen lassen, in dünne Streifen schneiden.

3. Aubergine und Tomaten waschen und abtrocknen. Von der Aubergine die Enden abschneiden. Aubergine in kleine Würfel schneiden. Tomaten vierteln und die Stängelansätze herausschneiden. Tomaten in Stücke schneiden. Kräuter abspülen, trocken tupfen und die Blättchen von den Stängeln zupfen.

4. Hähnchenbrustfilets aus der Pfanne nehmen und warm stellen.

5. Knoblauch- und Zwiebelwürfel in dem Bratfett andünsten. Gemüse hinzufügen und unter Rühren etwa 5 Minuten garen. Gemüse mit Essig, Zucker, Gyros-Gewürzmischung, Salz und Pfeffer würzen. Kräuterblättchen unterrühren.

6. Warm gestelltes Hähnchenbrustfilet in Scheiben schneiden und auf dem Gemüse anrichten.

Grüner Spargel mit gebratenem Hähnchen

Das mögen Kinder

4 Portionen – Zubereitungszeit: 30 Minuten

700 g	grüner Spargel
400 g	Hähnchenbrustfilet
40 g	frischer Ingwer
1	Knoblauchzehe
1 TL	Speisestärke
1 TL	Currypulver
2 EL	Sojasauce
6 EL	Olivenöl
40 g	Pinienkerne
80 g	Katenschinkenwürfel
250 g	Cocktailtomaten
1/2 Bund	glatte Petersilie

Pro Portion:
E: 34 g, F: 22 g, Kh: 8 g,
kJ: 1545, kcal: 369

1. Vom Spargel das untere Drittel schälen und die unteren Enden abschneiden. Den Spargel in etwa 2 cm große Stücke schneiden. Spargelstücke abspülen und abtropfen lassen.

2. Hähnchenbrustfilet unter fließendem kalten Wasser abspülen und trocken tupfen. Hähnchenbrust in etwa 2 cm große Würfel schneiden. Ingwer und Knoblauch schälen oder abziehen und in feine Würfel schneiden.

3. Die Hähnchenbrustwürfel mit Ingwer- und Knoblauchwürfeln, Speisestärke, Curry und Sojasauce mischen.

4. Olivenöl in einer großen Pfanne erhitzen. Die Hähnchenmischung von allen Seiten darin anbraten. Spargelstücke hinzugeben und weitere etwa 3 Minuten braten.

5. Pinienkerne und Schinkenwürfel hinzugeben und kurz unterrühren. Tomaten waschen, trocken tupfen und eventuell Stängelansätze entfernen. Tomaten in die Pfanne geben und miterhitzen.

6. Petersilie abspülen, trocken tupfen und die Blättchen von den Stängeln zupfen. Blättchen fein hacken. Die Petersilie unter die Hähnchenpfanne heben und sofort servieren.

Beilage: Basmatireis oder Eiernudeln.

Hähnchen-Paella
Für Freunde der spanischen Küche
4 Portionen – Zubereitungszeit: 30 Minuten

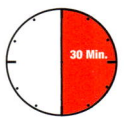

4	Hähnchenschenkel (je 200–250 g)
2	Zwiebeln
2	Knoblauchzehen
4 EL	Speiseöl, z. B. Sonnenblumen- oder Olivenöl
4	Tomaten (etwa 550 g)
2	rote Paprikaschoten
400 g	TK-Blumenkohl
200 g	italienischer Risottoreis, z. B. Arborio, Vialone oder Avorio
	Salz
	frisch gemahlener Pfeffer
3 g	gemahlener Safran
etwa ¹/₂ l (500 ml)	Hühnerbrühe

Pro Portion:
E: 40 g, F: 17 g, Kh: 41 g,
kJ: 2036, kcal: 487

1. Hähnchenschenkel kalt abspülen, trocken tupfen, enthäuten und im Gelenk halbieren. Zwiebeln und Knoblauchzehen abziehen und fein würfeln.

2. Öl in einer großen Pfanne erhitzen und die Hähnchenstücke darin bei mittlerer Hitze etwa 12 Minuten braten, dabei gelegentlich wenden. Hähnchenstücke herausnehmen und in einen großen, hohen Topf geben.

3. Inzwischen Tomaten abspülen, kreuzweise einschneiden und kurz in kochendes Wasser legen. Anschließend in kaltem Wasser abschrecken, enthäuten und die Stängelansätze entfernen. Tomaten in Stücke schneiden. Paprikaschoten halbieren, entstielen, entkernen und die weißen Scheidewände entfernen. Schoten waschen, trocken tupfen und in Stücke schneiden.

4. Zwiebel- und Knoblauchwürfel im restlichen Bratfett andünsten. Risottoreis einstreuen und unter Rühren so lange anbraten, bis er glasig ist. Zwiebel-Knoblauch-Reis mit Tomaten-, Paprikastücken und Blumenkohlröschen zum Fleisch in den Topf geben, mit Salz und Pfeffer würzen. Safran unterrühren.

5. Hühnerbrühe hinzugießen und zum Kochen bringen. Alles zugedeckt bei schwacher Hitze 30–40 Minuten kochen lassen, bis die Flüssigkeit verdampft und der Reis weich ist. Gelegentlich umrühren. Hähnchen-Paella mit Salz und Pfeffer abschmecken.

Hähnchenschnitzel mit Jägerchampignons

Jägerschnitzel einmal anders

2 Portionen – Zubereitungszeit: 30 Minuten

2	Hähnchenbrustfilets
	(je etwa 150 g)
	Salz
	frisch gemahlener Pfeffer
1	Ei
1–2 EL	Weizenmehl
2 EL	Semmelbrösel
4 EL	Olivenöl
300 g	TK-Kartoffel-Wedges
1	Zwiebel
1	Knoblauchzehe
50 g	Bauchspeck
2 EL	Olivenöl
400 g	Champignons
2 EL	Crème fraîche
1 TL	gerebelter Thymian
1 Bund	Schnittlauch

Pro Portion:

E: 49 g, F: 65 g, Kh: 48 g,
kJ: 4033, kcal: 964

1. Hähnchenbrustfilets eventuell etwas flach klopfen, unter fließendem kalten Wasser abspülen, trocken tupfen und mit Salz und Pfeffer bestreuen. Ei in einer flachen Schale verschlagen.

2. Hähnchenbrustfilets zuerst in Mehl wenden, dann durch das verschlagene Ei ziehen, am Schüsselrand etwas abstreifen und zuletzt in Semmelbröseln wenden. Semmelbrösel gut andrücken. Öl in einer Pfanne erhitzen. Hähnchenschnitzel darin von beiden Seiten 10–15 Minuten braten und warm stellen.

3. Kartoffel-Wedges nach Packungsanleitung zubereiten. Zwiebel und Knoblauch abziehen und in feine Würfel schneiden. Bauchspeck ebenfalls in Würfel schneiden. Olivenöl in einer Pfanne erhitzen und die Speckwürfel darin anbraten.

4. Champignons putzen, mit Küchenpapier abreiben, eventuell abspülen und in Scheiben schneiden. Champignonscheiben mit den Zwiebel- und Knoblauchwürfeln in die Pfanne geben. Unter gelegentlichem Rühren etwa 5 Minuten mitbraten. Crème fraîche unterrühren und mit Salz, Pfeffer und Thymian abschmecken.

5. Schnittlauch abspülen, trocken tupfen und in Röllchen schneiden. Hähnchenschnitzel mit den Jägerchampignons, Kartoffel-Wedges und den Schnittlauchröllchen garniert servieren.

Bunte Hähnchenpfanne

Ruck, zuck auf dem Tisch

2 Portionen – Zubereitungszeit: 25 Minuten

1	große rote Paprikaschote
1 Bund	Frühlingszwiebeln
350 g	Hähnchenbrustfilet
	Salz
	frisch gemahlener Pfeffer
1 EL	Currypulver
3 EL	Speiseöl, z. B. Rapsöl
1 Glas	süß-saure Sauce, (400 g)
1 Beutel	
(250 g)	Express Reis (vorgegarter
	Reis, z. B. Basmati) oder
250 g	gegarter Basmatireis

Pro Portion:

E: 47 g, F: 17 g, Kh: 88 g,
kJ: 2937, kcal: 701

1. Paprikaschote halbieren, entstielen, entkernen und die weißen Scheidewände entfernen. Paprika waschen, abtropfen lassen und in Stücke schneiden. Frühlingszwiebeln putzen, waschen, abtropfen lassen und in etwa 2 cm lange Stücke schneiden.

2. Hähnchenbrustfilet unter fließendem kalten Wasser abspülen, trocken tupfen und in etwa 2 cm große Würfel schneiden. Hähnchenwürfel mit Salz, Pfeffer und Currypulver würzen.

3. Speiseöl in einer Pfanne erhitzen und die Hähnchenwürfel darin anbraten. Paprika- und Frühlingszwiebelstücke hinzufügen und unter gelegentlichem Rühren etwa 5 Minuten mitbraten.

4. Sauce unterrühren und kurz aufkochen lassen. Express Reis nach Packungsanleitung zubereiten und mit der Hähnchenpfanne servieren.

Tipp: Statt Hähnchenbrustfilet können Sie auch Putenbrust- oder Schweinefilet verwenden.

Zanderfilet mit Zitronen-Kapern-Butter

Köstliches aus Neptuns Reich

2 Portionen – Zubereitungszeit: 30 Minuten

2 Bund	Rucola (Rauke)
2 EL	Weißweinessig
1 EL	flüssiger Honig
1 TL	körniger Senf
4 EL	Sonnenblumenöl
	Salz
	frisch gemahlener Pfeffer
1	Zitrone
200 g	Zanderfilet mit Haut, geschuppt oder TK-Zanderfilet
2 EL	Speiseöl
2 EL	Butter
2 EL	feine Kapern
1 EL	TK-Petersilie, gehackt

Pro Portion:
E: 22 g, F: 48 g, Kh: 14 g,
kJ: 2406, kcal: 574

1. Rucola putzen, gründlich waschen, abtropfen lassen und trocken tupfen oder schleudern. Essig mit Honig und Senf verrühren, Sonnenblumenöl unterschlagen. Mit Salz und Pfeffer abschmecken.

2. Zitrone so schälen, dass die weiße Haut mit entfernt wird. Zitrone filetieren, dabei den Saft auffangen.

3. Zanderfilet (TK-Zanderfilet aufgetaut) unter fließendem kalten Wasser abspülen, trocken tupfen und halbieren. Speiseöl in einer Pfanne erhitzen. Zanderfilets mit der Hautseite nach unten in die Pfanne legen und bei mittlerer Hitze kross braten. Butter hinzufügen und zerlassen. Zanderfilet mit einem Pfannenwender umdrehen und weitere 2 Minuten braten. Zanderfilets aus der Pfanne nehmen. Mit Salz und Pfeffer würzen.

4. Den aufgefangenen Zitronensaft und die Kapern in die heiße, von der Kochstelle genommene Pfanne geben. Zitronenfilets und Petersilie vorsichtig unterschwenken.

5. Die Zitronen-Kapern-Butter auf 2 Tellern verteilen. Jeweils 1 Zanderfilet mit der Hautseite nach oben darauf setzen. Rucola mit dem Dressing marinieren und dazu reichen.

Tipp: Zanderfilet mit ofenfrischem Baguette zum Stippen servieren.

Lachs mit grüner Sauce
Einfach lecker

2 Portionen – Zubereitungszeit: 30 Minuten

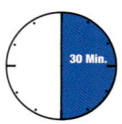
30 Min.

Für die Sauce:

je ¹/2 Bund	glatte Petersilie, Dill und Kerbel
4 EL	Delikatessmayonnaise
4 EL	Naturjoghurt
	Salz
	frisch gemahlener Pfeffer
	Zitronensaft
2	Lachsschnitten mit Haut, geschuppt (je etwa 160 g)
2 EL	Olivenöl
1 EL	Butter

Pro Portion:
E: 32 g, F: 55 g, Kh: 3 g,
kJ: 2653, kcal: 634

1. Für die Sauce Kräuter abspülen und trocken tupfen. Von den Kräutern jeweils 2 Stängel beiseitelegen. Von den restlichen Kräutern die Blättchen oder Spitzen von den Stängeln zupfen. Blättchen und Spitzen klein schneiden.

2. Mayonnaise mit Joghurt glatt rühren, mit Salz, Pfeffer und einem Spritzer Zitronensaft würzen. Klein geschnittene Kräuter unterrühren.

3. Lachsschnitten unter fließendem kalten Wasser abspülen und trocken tupfen. Olivenöl in einer Pfanne erhitzen. Lachsschnitten mit der Hautseite nach unten in die Pfanne legen und bei mittlerer Hitze kross braten.

4. Butter hinzugeben, aufschäumen lassen und die Lachsschnitten wenden. Die Pfanne von der Kochstelle nehmen. Lachsschnitten kurz gar ziehen lassen.

5. Die grüne Sauce auf 2 Tellern verteilen. Die Lachsschnitten mit Salz und Pfeffer würzen und mit der Hautseite nach oben in die Sauce setzen. Mit den beiseitegelegten Kräuterstängeln garnieren und sofort servieren.

Tipp: Lachs ist einer der beliebtesten Fische in der Küche. Es gibt ihn sowohl aus Wildfängen als auch aus Aquakultur.

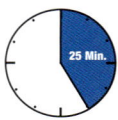

Gespicktes Doradenfilet

Darüber freuen sich auch Gäste

2 Portionen – Zubereitungszeit: 25 Minuten

2 Rispen	kleine Strauchtomaten (etwa 12 Cocktailtomaten)
1 EL	Olivenöl
	Meersalz
	frisch gemahlener Pfeffer
4	Doradenfilets mit Haut, geschuppt (je etwa 80 g)
8 Stängel	Thymian
1	Bio-Limette (unbehandelt)
1 EL	Olivenöl
1 EL	Butter
1 EL	Olivenöl
	Meersalz
	frisch gemahlener Pfeffer

Pro Portion:

E: 27 g, F: 26 g, Kh: 5 g,
kJ: 1564, kcal: 373

1. Den Backofen vorheizen. Die Tomatenrispen vorsichtig kalt abspülen und trocken tupfen. Tomaten mit Olivenöl bestreichen und mit Salz und Pfeffer bestreuen. Tomatenrispen auf ein Backblech legen. Das Backblech in den vorgeheizten Backofen schieben und die Tomaten leicht rösten.

Ober-/Unterhitze: etwa 220 °C
Heißluft: etwa 200 °C
Backzeit: 6–8 Minuten.

2. In der Zwischenzeit Doradenfilets unter fließendem kalten Wasser abspülen und trocken tupfen. Thymian abspülen, trocken tupfen und in jeweils 3 gleich große Stücke schneiden, so dass 24 kleine Zweige entstehen. Die Doradenfilets jeweils mit einem kleinen, spitzen Messer 6-mal durchstechen, so dass Löcher entstehen. Durch jedes Loch mit einer Pinzette einen Thymianzweig ziehen.

3. Limette heiß abwaschen, abtrocknen und in 6 gleich große Scheiben schneiden. Olivenöl in einer Pfanne erhitzen. Doradenfilets mit der Hautseite nach unten in die Pfanne legen, bei mittlerer Hitze kross braten und mit einem Pfannenwender umdrehen. Butter, Olivenöl und Limettenscheiben hinzufügen.

4. Doradenfilets aus der Pfanne nehmen und mit Salz und Pfeffer würzen. Limettenscheiben weitere 2 Minuten braten und herausnehmen.

5. Doradenfilets auf 2 Tellern anrichten. Mit je 1 Tomatenrispe und 3 Limettenscheiben garnieren und mit je einem Esslöffel Bratensaft beträufeln. Doradenfilets sofort servieren.

Gegrilltes Fischfilet, in Curry mariniert

Das geht auch in der Pfanne

4 Portionen – Zubereitungszeit: 20 Minuten

1	große, rote Chilischote
2	Knoblauchzehen
4 EL	Limettenöl
2 EL	Zitronen-Currypulver (erhältlich im Asialaden)
4	TK-Fischfilets (z. B. Seelachs oder Tilapia, je etwa 150 g, aufgetaut)

Pro Portion:
E: 28 g, F: 3 g, Kh: 2 g,
kJ: 632, kcal: 151

1. Chilischote abspülen, trocken tupfen, längs halbieren und entkernen. Chili klein schneiden. Knoblauch abziehen und fein hacken.

2. Limettenöl mit Zitronen-Currypulver glatt rühren. Chili und Knoblauch unterrühren.

3. Fischfilets unter fließendem kalten Wasser abspülen und trocken tupfen. Die Filets gleichmäßig von beiden Seiten mit der Marinade bestreichen und in eine Alu-Grillschale legen.

4. Fischfilets bei nicht zu starker Hitze von beiden Seiten in etwa 3 Minuten fertig grillen. Vorsicht, die Marinade brennt schnell an!

Tipp: Fischfilets mit asiatischem Gurkensalat servieren. Dafür 1 Bio-Salatgurke waschen, abtrocknen und die Enden abschneiden. Die Gurke mit der Schale auf einem Gemüsehobel in lange, breite Streifen hobeln. Für die Marinade Fischsauce mit Sojasauce verrühren. Gewaschene und trocken getupfte Minzeblättchen unterrühren. Mit Salz und Zucker abschmecken. Die Marinade mit den Gurkenstreifen mischen.

Forellen „Müllerin"

Darüber freuen sich Gäste

4 Portionen – Zubereitungszeit: 20 Minuten

20 Min.

4	küchenfertige Forellen (je etwa 200 g)
	Salz
	frisch gemahlener Pfeffer
40 g	Weizenmehl
3 EL	Speiseöl, z. B. Sonnenblumenöl
40 g	Butter
	Zitronenscheiben (unbehandelt)

Pro Portion:
E: 31 g, F: 8 g, Kh: 4 g,
kJ: 929, kcal: 222

1. Forellen unter fließendem kalten Wasser abspülen, trocken tupfen und von innen und außen mit Salz und Pfeffer einreiben. Die Forellen in Mehl wenden, überschüssiges Mehl abklopfen.

2. Öl in einer Pfanne erhitzen. Die Forellen von beiden Seiten darin bei mittlerer Hitze anbraten. Butter hinzufügen und zerlassen. Die Forellen in etwa 10 Minuten unter mehrmaligem Wenden gar braten.

3. Die Forellen mit Zitronenscheiben garniert servieren.

Beilage: Petersilienkartoffeln und ein gemischter Blattsalat.

Tipp: Für Mandelforellen können Sie 50–75 g gehobelte Mandeln in der Pfanne mitbräunen lassen und zum Servieren über die Forellen geben.

Abwandlung: Forellen blau.
Die Forellen unter fließendem kalten Wasser abspülen. 375 ml (3/8 l) Weißwein mit 750 ml (3/4 l) Salzwasser, 1 abgezogenen, geviertelten Zwiebel, 5 Esslöffeln Essig, 1 Lorbeerblatt, 5 Pfefferkörnern und 4–5 Wacholderbeeren zum Kochen bringen und die Mischung 2–3 Minuten kochen lassen. Forellen hinzugeben, das Ganze wieder zum Kochen bringen und die Forellen bei mittlerer Hitze zugedeckt in 15–20 Minuten gar ziehen lassen. Die Forellen aus dem Sud nehmen und mit etwas Olivenöl beträufelt und gehackter Petersilie bestreut servieren.

Fischfilet mit Zitronenthymian

Nur Freitags wäre zu schade

4 Portionen – Zubereitungszeit: 30 Minuten, ohne Ziehzeit

30 Min.

8	Fischfilets (je etwa 80 g, z. B. Filets vom roten Fusilier-Fisch)
	Salz
	frisch gemahlener Pfeffer
je 1	Bio-Limette und Bio-Zitrone (unbehandelt)
einige	
Zweige	Zitronenthymian
2 EL (40 g)	abgezogene, gehobelte Mandeln
3 EL	Olivenöl
40 g	Butter
1 EL	rosa Pfefferbeeren
einige	vorbereitete Thymianzweige

Pro Portion:
E: 32 g, F: 10 g, Kh: 3 g,
kJ: 997, kcal: 238

1. Fischfilets unter fließendem kalten Wasser abspülen und trocken tupfen. Mit Salz und Pfeffer würzen und etwa 10 Minuten ziehen lassen.

2. Limette und Zitrone heiß abwaschen, abtrocknen und in Scheiben schneiden. Thymian abspülen und trocken tupfen. Mandeln in einer Pfanne ohne Fett goldbraun rösten.

3. Olivenöl in einer Pfanne erhitzen. Fischfilets darin von beiden Seiten etwa 5 Minuten braten, herausnehmen und im vorgeheizten Backofen bei Ober-/Unterhitze: etwa 80 °C, Heißluft: etwa 60 °C warm stellen.

4. Butter in der Pfanne in dem verbliebenen Bratfett zerlassen. Limetten-, Zitronenscheiben und Thymian darin andünsten.

5. Limetten-, Zitronenscheiben und Thymianzweige auf einer Platte anrichten und warm gestellte Fischfilets darauf verteilen. Mit rosa Pfefferbeeren und gerösteten Mandeln bestreuen. Mit frischen Thymianzweigen garniert servieren.

Beilage: Klebreis mit süß-saurer Sauce und Blattsalat.

Tipp: Fusilier-Fisch ist ein Verwandter des Red Snapper, den Sie ebenso verwenden können. Zitronenthymian gehört ebenso wie der gewöhnliche Thymian zu den Lippenblütlern. Er duftet stark nach Zitrone. Er passt besonders gut zu Fisch- und Eierspeisen, zu Sahnesaucen und auch zu Süßspeisen.

Schollen „Büsumer Art"

Für Gäste

4 Portionen – Zubereitungszeit: 30 Minuten

30 Min.

4	küchenfertige Schollen (je etwa 300 g)
	Salz
	frisch gemahlener Pfeffer
40 g	Weizenmehl
3–4 EL	Speiseöl, z. B. Sonnenblumenöl
150–200 g	gepulte Krabben
	Zitronenachtel
	Dillzweige

Pro Portion:
E: 47 g, F: 10 g, Kh: 6 g,
kJ: 1301, kcal: 312

1. Schollen unter fließendem kalten Wasser abspülen, trocken tupfen und mit Salz und Pfeffer einreiben. Schollen in Mehl wenden (überschüssiges Mehl abklopfen).

2. Speiseöl in einer großen Pfanne erhitzen. Die Schollen darin nacheinander (je nach Größe der Pfanne) von beiden Seiten in 10 Minuten braun braten, eventuell noch etwas Fett hinzugeben. Die Schollen herausnehmen, auf einer vorgewärmten Platte anrichten und warm stellen.

3. Die Krabben in dem Fett anbraten.

4. Die Krabben auf den Schollen verteilen. Die Schollen mit Zitronenachteln und Dillzweigen garniert servieren.

Beilage: Salzkartoffeln und Feldsalat.

Variante: Schollen „Finkenwerder Art". Dafür etwa 150 g mageren, durchwachsenen Speck in dem Öl anbraten und auf den Schollen verteilen.

Kabeljau in Senfsauce

Klassisch – enthält Alkohol

4 Portionen – Zubereitungszeit: 25 Minuten

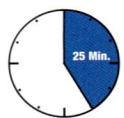

20 g	Butter
2 EL	Zwiebelwürfel
200 ml	Fischfond oder -brühe
4	Kabeljaufilets (je 150 g)
	Salz
	frisch gemahlener Pfeffer
100 ml	trockener Weißwein
2 EL	körniger Senf
2 EL	Crème fraîche
2 EL	Schnittlauchröllchen
einige	vorbereitete Salatblätter
	Schnittlauchhalme
	Tomatenviertel

Pro Portion:
E: 27 g, F: 9 g, Kh: 1 g,
kJ: 903, kcal: 217

1. Butter in einer Pfanne zerlassen und Zwiebelwürfel darin andünsten. Fischfond oder -brühe hinzugießen.

2. Kabeljaufilets unter fließendem kalten Wasser abspülen und trocken tupfen. Mit Salz und Pfeffer würzen. Kabeljaufilets in den Fischfond oder in die Fischbrühe geben, zum Kochen bringen und bei schwacher Hitze etwa 10 Minuten garen. Kabeljaufilets herausnehmen und warm stellen.

3. Wein zum Fischfond geben, Senf unterrühren und zum Kochen bringen. Die Sauce etwas einkochen lassen. Mit Salz und Pfeffer würzen. Crème fraîche und Schnittlauchröllchen unterrühren.

4. Die Kabeljaufilets auf Tellern anrichten und mit der Senfsauce übergießen. Mit Salatblättern, Schnittlauchhalmen und Tomatenvierteln garniert servieren.

Beilage: Salzkartoffeln.

Zander nach Badischer Art

Mit Alkohol – für besondere Anlässe

4 Portionen – Zubereitungszeit: 30 Minuten

600 g	Zanderfilet (ohne Haut und Gräten)
2	Schalotten
2 EL	Butter
100 ml	Fisch- oder Gemüsefond
100 ml	Weißwein
150 g	Schlagsahne
	Salz
	frisch gemahlener weißer Pfeffer
1 TL	Speisestärke
8	große Champignons
2 EL	steif geschlagene Schlagsahne
2 EL	klein geschnittener Dill

Pro Portion:
E: 34 g, F: 23 g, Kh: 3 g,
kJ: 1592, kcal: 380

1. Zanderfilet unter fließendem kalten Wasser abspülen, trocken tupfen, in 8 gleich große Stücke schneiden und kalt stellen.

2. Schalotten abziehen und in kleine Würfel schneiden. Butter in einem großen Topf zerlassen, Schalottenwürfel hinzugeben und glasig dünsten. Fond und Wein hinzugießen, zum Kochen bringen und etwa um ein Drittel einkochen lassen. Sahne unterrühren, wieder zum Kochen bringen und nochmals etwas einkochen lassen. Mit Salz und Pfeffer gut würzen. Speisestärke mit etwas Wasser anrühren, in die Sauce rühren und kurz aufkochen lassen. Die Sauce sollte nur leicht gebunden sein.

3. Die vorbereiteten Zanderstücke in die Sauce legen und bei schwacher Hitze etwa 10 Minuten garen.

4. Champignons putzen und die Stiele entfernen. Champignonköpfe mit Küchenpapier abreiben, eventuell abspülen, abtropfen lassen und in Würfel schneiden. Nach etwa 5 Minuten Garzeit die Champignonwürfel zu den Zanderfiletstücken geben und mitgaren lassen.

5. Die Zanderfiletstücke aus der Sauce nehmen und auf einem vorgewärmten Teller anrichten.

6. Die Sauce mit Sahne und Dill verfeinern und auf den Zanderfiletstücken verteilen.

Tipp: Dazu passen sehr gut Blattspinat und in Lorbeerwasser gekochte Salzkartoffeln.

Doppeltes Fischfilet
Doppelter Genuss

2 Portionen – Zubereitungszeit: 20 Minuten

20 Min.

80 g	getrocknete Tomaten in Öl
30 g	Pinienkerne
3 EL	Semmelbrösel
3 EL	Olivenöl
1	Bio-Limette (unbehandelt)
1 Topf	Basilikum
200 g	Rotbarschfilet
200 g	Dorschfilet
	Salz
	frisch gemahlener Pfeffer

Pro Portion:
E: 44 g, F: 30 g, Kh: 16 g,
kJ: 2160, kcal: 516

1. Den Backofen vorheizen. Tomaten etwas abtropfen lassen, in Streifen schneiden und mit Pinienkernen, Semmelbröseln und Olivenöl gut vermischen. Limette heiß abwaschen, abtrocknen und in Stücke schneiden.

2. Basilikum abspülen, trocken tupfen und die Blätter von den Stängeln zupfen. Jeweils die Hälfte der Tomatenmischung, der Limettenstücke und der Basilikumblättchen auf dem Boden einer Auflaufform (gefettet) verteilen.

3. Fischfilets unter fließendem kalten Wasser abspülen, trocken tupfen und mit Salz und Pfeffer bestreuen. Fischfilets in die Auflaufform legen. Die restliche Tomatenmischung darauf verteilen und die restlichen Limettenstücke ebenfalls auf die Fischfilets legen.

4. Die Auflaufform auf dem Rost in den vorgeheizten Backofen schieben.

Ober-/Unterhitze: etwa 220 °C (unteres Drittel)
Heißluft: etwa 200 °C
Garzeit: 12–15 Minuten.

5. Doppeltes Fischfilet aus dem Backofen nehmen, mit den restlichen Basilikumblättchen bestreuen und sofort servieren.

Tipp: Servieren Sie frisch gebackene Baguettestangen dazu.

Lachs-Mangold-Pfanne

Etwas teurer, aber unglaublich lecker

4 Portionen – Zubereitungszeit: etwa 25 Minuten

25 Min.

2 Pck.	TK-Lachsfilets (je 250 g)
8	TK-Garnelenschwänze (etwa 120 g, gekocht, geschält)
2 EL	geschälte Sesamsamen
etwa 750 g	Mangold
2 TL	Zitronensaft
2	Zwiebeln
3 EL	Speiseöl
	Salz
	frisch gemahlener Pfeffer
	Paprikapulver edelsüß
200 g	Cocktailtomaten

Pro Portion:
E: 36 g, F: 14 g, Kh: 8 g,
kJ: 1998, kcal: 479

1. Lachsfilets und Garnelen nach Packungsanleitung auftauen lassen. Lachsfilets und Garnelen unter fließendem kalten Wasser abspülen und trocken tupfen. Lachsfilet in Stücke schneiden.

2. Sesamsamen in einer Pfanne ohne Fett goldbraun rösten, herausnehmen und auf einem Teller erkalten lassen.

3. Mangold putzen, halbieren und den Strunk herausschneiden. Mangoldblätter mehrmals waschen, abtropfen lassen und in Streifen schneiden. Zwiebeln abziehen und in kleine Würfel schneiden.

4. Speiseöl in einer Pfanne erhitzen. Lachsfiletstücke darin von beiden Seiten anbraten und mit Salz, Pfeffer und Paprika würzen. Lachsfiletstücke aus der Pfanne nehmen. Mangoldstreifen und Zwiebelwürfel in der Pfanne andünsten, mit Salz und Pfeffer würzen. Mangoldstreifen zugedeckt etwa 10 Minuten dünsten, eventuell etwas Wasser hinzufügen.

5. Tomaten waschen, trocken tupfen und halbieren. Tomatenhälften mit den Lachsfiletstücken und Garnelen nach 5 Minuten Dünstzeit auf den Mangold legen und zugedeckt fertig garen. Eventuell nochmals mit Salz, Pfeffer und Paprika abschmecken. Lachs-Mangold-Pfanne mit Sesamsamen bestreut servieren.

Abwandlung: Anstelle von Mangold können Sie auch 450 g TK-Blattspinat nehmen und vor Verwendung auftauen lassen.

Zucchini-Fisch-Ragout

Tolle Kombination: leicht und lecker

2 Portionen – Zubereitungszeit: 25 Minuten

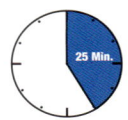

25 Min.

70 g	Naturreis
	Salz

1. Naturreis nach Packungsanleitung zubereiten und warm stellen.

1	Zucchini (200 g)
1 Bund	Frühlingszwiebeln (etwa 100 g)
2	Knoblauchzehen
1/2	rote Pfefferschote (10 g)
2 EL	Olivenöl
	Salz
1 gestr. TL	Currypulver

2. Zucchini abspülen, abtrocknen und die Enden abschneiden. Zucchini in Scheiben schneiden. Frühlingszwiebeln putzen, waschen, abtropfen lassen und ebenfalls in Scheiben schneiden.

3. Knoblauch abziehen und klein würfeln. Pfefferschote abspülen, trocken tupfen, halbieren, entstielen, entkernen und in Streifen schneiden.

300 g	Schollenfilet
	Saft von
1/2	Zitrone
	frisch gemahlener Pfeffer
1/2 Bund	glatte Petersilie
1 EL	fettarmer Naturjoghurt (1,5 % Fett)

4. Olivenöl in einer Pfanne erhitzen. Knoblauchwürfel und Frühlingszwiebeln darin andünsten, Zucchini und Pfefferschote hinzufügen und unter Rühren anbraten. Gemüse mit Salz und Currypulver würzen.

5. Schollenfilet unter fließendem kalten Wasser abspülen, trocken tupfen und in mundgerechte Stücke schneiden. Schollenfiletstücke mit Zitronensaft beträufeln und mit Pfeffer bestreuen. Fischstücke vorsichtig unter das Gemüse heben und etwa 5 Minuten bei mittlerer Hitze garen lassen.

Pro Portion:
E: 32 g, F: 14 g, Kh: 33 g,
kJ: 1654, kcal: 396

6. Petersilie abspülen, trocken tupfen und die Blättchen von den Stängeln zupfen. Joghurt und Petersilienblättchen unter das Zucchini-Fisch-Ragout rühren und mit dem Reis servieren.

Fischfilet auf mediterranem Gemüse

Das schmeckt nach Urlaub

4 Portionen – Zubereitungszeit: 20 Minuten

250 g	Cocktailtomaten
3	mittelgroße Zucchini (etwa 600 g)
1 Dose	Artischockenherzen (Abtropfgewicht 240 g)
2–3 EL	Olivenöl
1 Pck. (25 g)	TK-Italienische Kräuter
	Salz
	frisch gemahlener Pfeffer
600 g	Fischfilet, z. B. Tilapiafilet
1 TL	Chiliflocken

Pro Portion:
E: 36 g, F: 8 g, Kh: 6 g,
kJ: 1043, kcal: 249

1. Tomaten waschen, trocken tupfen, halbieren und die Stängelansätze entfernen. Zucchini waschen, abtrocknen und die Enden abschneiden, Zucchini in Würfel schneiden.

2. Artischockenherzen auf einem Sieb abtropfen lassen und vierteln.

3. Olivenöl in einer Pfanne erhitzen. Zucchiniwürfel etwa 2 Minuten darin andünsten, Tomatenhälften, Artischocken und die Kräutermischung zugeben und mit Salz und Pfeffer würzen.

4. Fischfilet unter fließendem kalten Wasser abspülen, trocken tupfen und in 8 gleich große Stücke schneiden. Filetstücke nebeneinander auf das Gemüse legen und mit Salz und Chili bestreuen. Die Pfanne mit einem Deckel verschließen. Fischfilet und das Gemüse etwa 8 Minuten dünsten.

5. Die Fischstücke vorsichtig herausnehmen. Das Gemüse nochmals abschmecken und den Fisch auf dem mediterranen Gemüse servieren.

Beilage: Pesto Rosso aus dem Glas und Reis.

Wels nach Cajun Art

Ruck, zuck auf dem Tisch

2 Portionen – Zubereitungszeit: 20 Minuten

1	Zwiebel
je 1	rote und grüne Paprika-schote
2 EL	Olivenöl
	Salz
	frisch gemahlener Pfeffer
	Paprikapulver edelsüß
4	Welsfilets (je etwa 100 g)
2 EL	Weizenmehl
4 EL	Olivenöl
1 EL	Limettensaft

Pro Portion:

E: 34 g, F: 39 g, Kh: 12 g,
kJ: 2227, kcal: 532

1. Zwiebel abziehen und in kleine Würfel schneiden. Paprikaschoten halbieren, entstielen, entkernen und die weißen Scheidewände entfernen. Schoten waschen, abtropfen lassen und in kleine Würfel schneiden.

2. Olivenöl in einer Pfanne erhitzen und die Zwiebel- und Paprikawürfel darin andünsten. Mit Salz, Pfeffer und Paprika würzen, herausnehmen und warm stellen.

3. Welsfilets unter fließendem kalten Wasser abspülen, trocken tupfen, mit Salz und Pfeffer bestreuen und in Mehl wenden.

4. Olivenöl in einer Pfanne erhitzen und die Welsfilets darin von beiden Seiten etwa 5 Minuten goldbraun braten. Auf einem vorgewärmten Teller anrichten.

5. Die Paprika-Zwiebel-Mischung darauf verteilen und mit Limettensaft beträufeln.

Beilage: Wildreismischung.

Tipp: Statt Welsfilets können Sie auch Steinbutt-oder Rotbarschfilets verwenden.

Viktoriabarsch unter der Kräuterkruste
Das mögen Kinder

4 Portionen – Zubereitungszeit: 25 Minuten

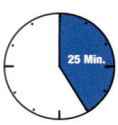

4	Viktoriabarschfilets
	(je etwa 200 g)
	Salz
	frisch gemahlener Pfeffer
2 EL	Dijonsenf

je 1 Bund	Schnittlauch, Dill, Kerbel
8 EL	Semmelbrösel
4 EL	Olivenöl
2 EL	Butter

Pro Portion:
E: 41 g, F: 21 g, Kh: 23 g,
kJ: 1870, kcal: 447

1. Den Backofen vorheizen. Viktoriabarschfilets unter fließendem kalten Wasser abspülen, trocken tupfen, mit Salz und Pfeffer bestreuen. Die Fischfilets auf ein Backblech (gefettet) legen und mit Senf (Oberseite) bestreichen.

2. Schnittlauch abspülen, trocken tupfen und in Röllchen schneiden. Dill und Kerbel abspülen. Die Spitzen oder Blättchen von den Stängeln zupfen. Dillspitzen und Kerbelblättchen getrennt klein schneiden.

3. Semmelbrösel mit Olivenöl zu einer zähflüssigen Paste verrühren. Schnittlauchröllchen, Dill und Kerbel unterrühren. Mit Salz und Pfeffer würzen.

4. Die Kräuterpaste mit einem Esslöffel auf den Fischfilets verteilen. Butterflöckchen darauf geben. Das Backblech in den vorgeheizten Backofen schieben und die Fischfilets überbacken.

Ober-/Unterhitze: etwa 200 °C
Heißluft: etwa 180 °C
Garzeit: etwa 12 Minuten (je nach Dicke des Fischfilets).

5. Falls die Kräuterkruste zu schnell dunkel wird, die Oberhitze ausschalten oder die Fischfilets mit Alufolie zudecken.

Tipp: Sie können auch TK-Viktoriabarschfilets verwenden, dann die Filets vor der Zubereitung auftauen lassen.

Penne mit Hühnerleber

Das schmeckt der ganzen Familie

4 Portionen – Zubereitungszeit: 30 Minuten

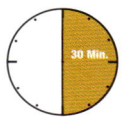

1	Zwiebel
1	Knoblauchzehe
150 g	Champignons
300 g	Hühnerleber
3 EL	Olivenöl
100 ml	Gemüsebrühe
150 g	Schlagsahne
15	junge Salbeiblätter
12	Kirschtomaten
	Salz
	frisch gemahlener Pfeffer
5 l	Wasser
5 TL	Salz
500 g	Penne

Pro Portion:
E: 36 g, F: 26 g, Kh: 88 g,
kJ: 3192, kcal: 761

1. Zwiebel und Knoblauch abziehen und in feine Würfel schneiden. Champignons putzen, eventuell mit Küchenpapier abreiben und in Scheiben schneiden.

2. Hühnerleber unter fließendem kalten Wasser abspülen, trocken tupfen und in 2 cm große Stücke schneiden, dabei eventuell Sehnen entfernen.

3. Öl in einem Topf erhitzen und die Leberstückchen darin anbraten. Zwiebel- und Knoblauchwürfel hinzufügen und andünsten. Anschließend die Champignons dazugeben, mit andünsten und Gemüsebrühe und Sahne hinzugießen.

4. Salbeiblätter abspülen, trocken tupfen und fein schneiden oder hacken. Kirschtomaten abwaschen und abtrocknen. Salbeiblätter und Kirschtomaten zur Sauce geben, die Sauce nochmals aufkochen lassen und mit Salz und Pfeffer würzen.

5. Inzwischen Wasser in einem großen geschlossenen Topf zum Kochen bringen. Salz und Nudeln zugeben und die Nudeln nach Packungsanleitung im geöffneten Topf bei mittlerer Hitze bissfest kochen, zwischendurch umrühren. Die Nudeln auf ein Sieb geben und gut abtropfen lassen.

6. Die Sauce mit den Nudeln vermischen und servieren.

Tipp: Statt Hühnerleber können Sie Puten- oder Kalbsleber verwenden.

Bandnudeln mit Zucchini-Tomaten-Sauce

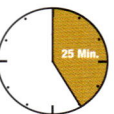

Leicht und lecker

4 Portionen – Zubereitungszeit: 25 Minuten

2 rote	Zwiebeln
2	Zucchini (350 g)
1 Bund	Frühlingszwiebeln
16	Kirschtomaten
2 EL	Olivenöl
evtl. etwas	Gemüsebrühe
	Salz
	frisch gemahlener Pfeffer
4 l	Wasser
4 TL	Salz
400 g	Bandnudeln
1	Oreganostängel
	grober Pfeffer

Pro Portion:

E: 15 g, F: 8 g, Kh: 78 g,
kJ: 1909, kcal: 455

1. Zwiebeln abziehen, halbieren, in dünne Scheiben schneiden und in halbe Ringe teilen. Zucchini abspülen, trocken tupfen, die Enden abschneiden und Zucchini in kleine Würfel schneiden.

2. Frühlingszwiebeln putzen, waschen, abtropfen lassen und in dünne Scheiben schneiden. Tomaten waschen, halbieren und Stängelansätze entfernen.

3. Wasser in einem großen geschlossenen Topf zum Kochen bringen. Salz und Nudeln zugeben und die Nudeln nach Packungsanleitung bissfest kochen, zwischendurch mehrmals umrühren.

4. Olivenöl in einem Topf erhitzen und Zwiebeln darin andünsten. Zucchiniwürfel dazugeben und kurz mit andünsten, evtl. etwas Gemüsebrühe dazugießen und mit Salz und Pfeffer würzen. Zugedeckt etwa 5 Minuten garen lassen.

5. Oregano abspülen, trocken schütteln und Blättchen von den Stängeln zupfen. Tomaten zu den Zucchini geben, kurz erhitzen, evtl. nochmals abschmecken.

6. Nudeln auf ein Sieb gießen und tropfnass mit der Zucchini-Tomaten-Sauce vermengen. Anrichten und mit Oreganoblättchen und grobem Pfeffer bestreuen.

Spaghetti mit Tomaten-Muschel-Sauce
So schmeckt Italien

4 Portionen – Zubereitungszeit: etwa 25 Minuten

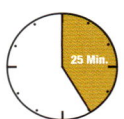

Für die Sauce:

4	mittelgroße Tomaten
etwa 200 g	Muscheln (aus der Dose)
2 Dosen	Thunfisch naturell
	(Abtropfgewicht je 150 g)
4	Knoblauchzehen
4 EL	Olivenöl
	Salz
	frisch gemahlener Pfeffer
4 l	Wasser
4 TL	Salz
400 g	Spaghetti

Zum Bestreuen:

1/2 Bund	glatte Petersilie
	oder Kerbel
150 g	frisch geriebener
	Parmesan

Pro Portion:

E: 46 g, F: 34 g, Kh: 71 g,
kJ: 3428, kcal: 818

1. Für die Sauce Tomaten kreuzweise einschneiden, kurz in kochendes Wasser legen und anschließend in kaltem Wasser abschrecken. Tomaten enthäuten, halbieren und Stängelansätze herausschneiden. Tomaten entkernen und das Fruchtfleisch in Stücke schneiden.

2. Wasser in einem großen geschlossenen Topf zum Kochen bringen. Salz und Spaghetti zugeben und die Spaghetti nach Packungsanleitung bissfest kochen, zwischendurch mehrmals umrühren.

3. Muscheln auf einem Sieb abtropfen lassen und den Sud dabei auffangen. Thunfisch abtropfen lassen und mit einer Gabel etwas zerpflücken.

4. Knoblauch abziehen und in kleine Würfel schneiden. Olivenöl in einer großen Pfanne erhitzen und die Knoblauchwürfel darin andünsten. Tomatenstücke hinzufügen und kurz mitdünsten. Muscheln und Thunfisch unterrühren. Die Sauce erhitzen und mit Salz und Pfeffer würzen.

5. Petersilie oder Kerbel abspülen und trocken tupfen. Die Blättchen von den Stängeln zupfen und fein schneiden. Anschließend die Spaghetti auf ein Sieb geben, abtropfen lassen und in eine Schüssel geben. Die Tomaten-Muschel-Sauce darauf verteilen, mit Kräutern und Parmesan bestreuen und sofort servieren.

Tipp: Das Gericht schmeckt auch gut mit geriebenem Pecorino anstatt Parmesan.

Bandnudeln mit Lachs und Tomaten

Raffiniert

4 Portionen – Zubereitungszeit: 25 Minuten

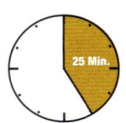

Für die Sauce:

3	mittelgroße Tomaten
100 g	geräucherter Lachs (in Scheiben)
2	Knoblauchzehen
60 g	schwarze, entsteinte Oliven
3 EL	Olivenöl
2 Becher (je 150 g)	Crème fraîche
	Salz
	frisch gemahlener Pfeffer
1/2 TL	Estragon
4 l	Wasser
4 TL	Salz
400 g	dünne, grüne Bandnudeln

Zum Garnieren:

einige	Lachsstreifen
	schwarze Oliven

Pro Portion:

E: 37 g, F: 62 g, Kh: 44 g,
kJ: 3890, kcal: 928

1. Für die Sauce Tomaten kreuzweise einschneiden und einige Sekunden in kochendes Wasser legen. Tomaten kurz in kaltem Wasser abschrecken, enthäuten, halbieren und entkernen, Stängelansätze herausschneiden und Fruchtfleisch in Spalten schneiden.

2. Lachsscheiben in 1 1/2 cm dicke Streifen schneiden. Knoblauch abziehen und in kleine Würfel schneiden. Oliven in kleine Stücke schneiden.

3. Olivenöl in einer großen Pfanne erhitzen und Knoblauchwürfel darin hellgelb andünsten. Lachsstreifen und Olivenstückchen hinzufügen und vorsichtig unterrühren.

4. Crème fraîche unterrühren. Tomatenspalten hinzufügen und die Zutaten vorsichtig bei schwacher Hitze erhitzen. Mit Salz, Pfeffer und Estragon würzen. Die Sauce warm stellen.

5. Inzwischen Wasser in einem großen geschlossenen Topf zum Kochen bringen. Salz und Nudeln zugeben und die Nudeln nach Packungsanleitung bissfest kochen lassen, zwischendurch mehrmals umrühren. Anschließend die Nudeln auf ein Sieb geben und abtropfen lassen.

6. Die Bandnudeln in eine Schüssel geben. Die Sauce darauf verteilen und mit Lachsstreifen und Oliven garnieren. Sofort servieren.

Tipp: Sie können die Nudeln zusätzlich mit frischen Estragonzweigen garnieren.

Makkaroni in Thunfischsauce

Das mögen Kinder

4 Portionen – Zubereitungszeit: 30 Minuten

4 l	Wasser
4 TL	Salz
400 g	Makkaroni
2	Zwiebeln
4	Knoblauchzehen
3 EL	Speiseöl
350 g	Zucchini
1	gelbe Paprikaschote
1	Chilischote
2–3 EL	Wasser
1 Becher	
(150 g)	Crème fraîche
2 Dosen	Thunfisch naturell
	(je 185 g)
	Salz
	frisch gemahlener Pfeffer
	gerebelter Oregano
	gerebelter Thymian

Pro Portion:

E: 34 g, F: 25 g, Kh: 69 g,
kJ: 2765, kcal: 660

1. Wasser in einem großen geschlossenen Topf zum Kochen bringen. Salz und Makkaroni zugeben und Nudeln nach Packungsanleitung bissfest kochen, zwischendurch mehrmals umrühren. Anschließend Nudeln auf ein Sieb geben und abtropfen lassen.

2. Zwiebeln und Knoblauch abziehen und in kleine Würfel schneiden. Öl in einem Topf erhitzen und Zwiebel- und Knoblauchwürfel darin andünsten. Zucchini putzen, Enden abschneiden, Zucchini waschen, abtropfen lassen und in kleine Würfel schneiden. Zucchiniwürfel in den Topf geben und mit andünsten.

3. Paprika- und Chilischote längs halbieren, ent- stielen, entkernen und die weißen Scheidewände entfernen. Schoten waschen, abtropfen lassen und in kleine Würfel schneiden.

4. Beide Zutaten zu den Zucchiniwürfeln geben und mit andünsten. Wasser hinzufügen und das Gemüse zugedeckt etwa 5 Minuten garen lassen. Anschließend Crème fraîche hinzufügen und verrühren.

5. Thunfisch abgießen, leicht mit einer Gabel zerpflücken und in die Sauce geben. Die Sauce nochmals gut erhitzen und mit Salz, Pfeffer, Oregano und Thymian würzen.

6. Nudeln auf Teller verteilen, Thunfischsauce über die Nudeln geben und sofort servieren.

Tipp: Statt Zucchini je 1 rote und grüne Paprika- schote (insgesamt 350 g) verwenden.

Bandnudeln mit grüner Spargelsauce

Für Gäste

4 Portionen – Zubereitungszeit: etwa 20 Minuten

4 l	Wasser
4 TL	Salz
400 g	grüne und weiße Bandnudeln

Für die Spargelsauce:

500 g	grüner Spargel
350 ml	Gemüsebrühe
1 Bund	glatte Petersilie
1 Becher (150 g)	Crème fraîche
	Salz
	frisch gemahlener Pfeffer
40 g	Haselnusskerne

Pro Portion:

E: 18 g, F: 20 g, Kh: 77 g,
kJ: 2412, kcal: 575

1. Wasser in einem großen geschlossenen Topf zum Kochen bringen. Salz und Nudeln zugeben und die Nudeln nach Packungsanleitung bissfest kochen, zwischendurch mehrmals umrühren. Anschließend Nudeln auf ein Sieb geben und gut abtropfen lassen.

2. Inzwischen vom Spargel das untere Drittel schälen, die holzigen Enden abschneiden und den Spargel in 1 cm lange Stücke schneiden, dabei die Spargelspitzen 2–3 cm lang lassen.

3. Gemüsebrühe in einem Topf erhitzen und die Spargelstücke etwa 6 Minuten darin kochen lassen, anschließend die Spargelspitzen aus der Brühe nehmen und beiseitelegen.

4. Petersilie abspülen, trocken tupfen, die Blätter von den Stängeln zupfen und fein schneiden. Die Petersilie in die Spargelbrühe geben.

5. Die Brühe mit den Spargelstücken und der Petersilie mit einem Pürierstab fein pürieren, Crème fraîche unterrühren und die Sauce mit Salz und Pfeffer würzen.

6. Haselnusskerne grob hacken, in einer Pfanne ohne Fett leicht bräunen. Die Sauce mit den Nudeln vermischen und mit Spargelspitzen und Haselnusskernen bestreut servieren.

Tipp: Bestreuen Sie das Gericht mit geraspeltem Comte (Hartkäse).

Bandnudeln mit Rucola-Tomaten-Sauce

Darüber freuen sich Gäste

4 Portionen – Zubereitungszeit: 30 Minuten

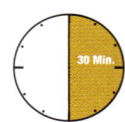

30 Min.

4 l	Wasser
4 TL	Salz
400 g	Bandnudeln (Tagliatelle)

Für die Rucola-Tomaten-Sauce:

200 g	Rucola (Rauke)
120 g	getrocknete Tomaten in Öl
2	Zwiebeln
2	Knoblauchzehen
60 g	Butter
40 g	Pinienkerne
1 Bund	glatte Petersilie
	Salz
	frisch gemahlener Pfeffer

Pro Portion:

E: 18 g, F: 24 g, Kh: 72 g,
kJ: 2479, kcal: 592

1. Wasser in einem großen geschlossenen Topf zum Kochen bringen. Salz und Nudeln zufügen und die Nudeln nach Packungsanleitung bissfest kochen, zwischendurch mehrmals umrühren. Anschließend Nudeln auf ein Sieb geben und gut abtropfen lassen.

2. Inzwischen Rucola putzen, die unteren Stiele abschneiden, Blätter waschen und abtropfen lassen. Tomaten auf einem Sieb etwas abtropfen lassen und anschließend in Streifen schneiden. Zwiebeln und Knoblauch abziehen und in feine Würfel schneiden.

3. Butter in einer großen Pfanne zerlassen und die Zwiebel- und Knoblauchwürfel darin andünsten. Pinienkerne hinzugeben und mitbräunen lassen. Tomatenstreifen ebenfalls in die Pfanne geben.

4. Petersilie abspülen, trocken tupfen und die Blättchen von den Stängeln zupfen. Rucola in Stücke zupfen und mit den Petersilienblättchen kurz in der Pfanne erwärmen. Die Sauce mit Salz und Pfeffer abschmecken und mit den Bandnudeln vorsichtig vermengen.

Tipp: Reichen Sie frisch geriebenen Parmesan dazu.

Spaghetti mit Ziegenfrischkäsesauce
(Titelrezept) – Ruck, zuck auf dem Tisch
4 Portionen – Zubereitungszeit: 20 Minuten

4 l	Wasser
4 TL	Salz
400 g	Spaghetti

Für die Ziegenfrischkäsesauce:

1	Schalotte
2	Knoblauchzehen
1 Bund	Frühlingszwiebeln
1 Bund	Bärlauch oder Basilikum
12	Kirschtomaten
30 g	Butter
250 g	Ziegenfrischkäse
200 g	Schlagsahne
	Salz
	frisch gemahlener Pfeffer

Pro Portion:
E: 24 g, F: 39 g, Kh: 76 g,
kJ: 3330, kcal: 796

1. Wasser in einem großen Topf zum Kochen bringen. Salz und Nudeln zugeben und die Nudeln nach Packungsanleitung bissfest kochen, zwischendurch mehrmals umrühren. Anschließend die Nudeln auf ein Sieb geben und gut abtropfen lassen.

2. Inzwischen Schalotte und Knoblauch abziehen und in kleine Würfel schneiden. Frühlingszwiebeln putzen, waschen, abtropfen lassen und in feine Ringe schneiden. Bärlauch oder Basilikum abspülen, trocken tupfen, die Blätter von den Stängeln zupfen und in feine Streifen schneiden. Kirschtomaten waschen.

3. Butter in einem Topf erhitzen und Zwiebel- und Knoblauchwürfel darin andünsten. Ziegenfrischkäse und Sahne dazugeben, alles nochmals erhitzen und mit Salz und Pfeffer würzen.

4. Frühlingszwiebelringe und Kirschtomaten in die Sauce geben und in der Sauce erhitzen. Zuletzt die Bärlauch- oder Basilikumstreifen dazugeben und die Sauce mit den Nudeln vermischen.

Beilage: Blattsalat.

Makkaroni mit Schafskäsesauce

Beliebt bei Groß und Klein

4 Portionen – Zubereitungszeit: 25 Minuten

2	Zwiebeln
2	Knoblauchzehen
3 EL	Olivenöl
1 EL	Weizenmehl
150 ml	Gemüsebrühe
150 g	Schlagsahne
1	rote Paprikaschote
300 g	Schafskäse
1 Bund	Petersilie
	Salz
	frisch gemahlener Pfeffer
1 TL	Tsatsiki-Gewürz oder Knoblauchgranulat
4 l	Wasser
4 TL	Salz
400 g	Makkaroni

Pro Portion:
E: 28 g, F: 37 g, Kh: 76 g,
kJ: 3271, kcal: 781

1. Zwiebeln und Knoblauch abziehen und in feine Würfel schneiden. Olivenöl in einem Topf erhitzen und die Zwiebel- und Knoblauchwürfel darin andünsten, Mehl dazugeben, mit einem Schneebesen verrühren und kurz andünsten. Nach und nach Gemüsebrühe und Sahne unter Rühren dazugießen und kurz aufkochen lassen.

2. Paprikaschote halbieren, entstielen, entkernen und die weißen Scheidewände entfernen, Schote waschen und in kleine Würfel schneiden. Die Würfel mit in die Sauce geben und die Sauce etwa 5 Minuten köcheln lassen.

3. Inzwischen Wasser in einem großen Topf zum Kochen bringen. Salz und Nudeln zugeben und die Nudeln nach Packungsanleitung bissfest kochen, zwischendurch mehrmals umrühren. Anschließend die Nudeln auf ein Sieb geben und gut abtropfen lassen.

4. Schafskäse in 1 cm große Würfel schneiden. Petersilie abspülen, trocken tupfen, die Blättchen von den Stängeln zupfen und fein zerschneiden. Schafskäse und Petersilie in die Sauce geben, die Sauce mit Salz, Pfeffer und Tsatsiki-Gewürz oder Knoblauchgranulat abschmecken und mit den Nudeln vermischen.

Beilage: Gurkensalat.

Tipp: Anstatt Petersilie können Sie auch Dill für die Schafskäsesauce verwenden.

Gebratener Spargel

Darüber freuen sich Gäste

4 Portionen – Zubereitungszeit: 30 Minuten

800 g	dünner weißer Spargel
400 g	grüner Spargel
60 g	Haselnusskerne
80 g	getrocknete Aprikosen
5 EL	Walnussöl oder Olivenöl
2 EL	flüssiger Lindenblüten-
	honig
	Salz
	frisch gemahlener Pfeffer
1	Rosmarinzweig

Pro Portion:
E: 7 g, F: 22 g, Kh: 22 g,
kJ: 1340, kcal: 321

1. Den weißen Spargel von oben nach unten schälen, darauf achten, dass die Schalen vollständig entfernt, die Köpfe aber nicht verletzt werden. Die unteren Enden abschneiden (holzige Stellen vollkommen entfernen). Von dem grünen Spargel das untere Drittel schälen, die unteren Enden abschneiden. Spargel abspülen und abtropfen lassen. Den weißen Spargel in etwa 1 cm lange Stücke, den grünen Spargel in etwa 2 cm lange Stücke schneiden.

2. Haselnusskerne grob hacken. Aprikosen in dünne Streifen schneiden.

3. Öl in einer großen Pfanne erhitzen. Die weißen Spargelstücke unter mehrmaligem Wenden bei mittlerer Hitze in etwa 4 Minuten leicht bräunen lassen, dann die grünen Spargelstücke hinzufügen und etwa 3 Minuten mitbraten. Haselnusskerne und Aprikosenstreifen hinzugeben. Honig unterrühren und noch etwa 1 Minute glasieren, mit Salz und Pfeffer würzen.

4. Rosmarin abspülen und trocken tupfen. Die Nadeln vom Zweig zupfen. Nadeln fein schneiden. Die Spargelstücke mit Salz, Pfeffer und Rosmarin abschmecken und sofort servieren.

Tipp: Servieren Sie frisches Ciabatta- oder Bauernbrot dazu. Wem der Spargel so zubereitet zu knackig ist, kann den Spargel vor dem Braten kurz blanchieren.

Möhren mit Kräutersauce

Raffinierte Beilage zu Kotelett oder Frikadelle

2 Portionen – Zubereitungszeit: 30 Minuten

30 Min.

750 g	junge Möhren
1	Zwiebel
2 EL	Butter
200 ml	Gemüsebrühe
3 EL	Crème fraîche
1 EL	Kapern
	Salz
	frisch gemahlener Pfeffer
	Zucker
	Zitronensaft
2 EL	gemischte gehackte Kräuter, z. B. Kerbel, Petersilie
1	hart gekochtes Ei

Pro Portion:
E: 9 g, F: 32 g, Kh: 19 g,
kJ: 1671, kcal: 401

1. Möhren putzen, schälen, abspülen und abtropfen lassen. Zwiebel abziehen und in kleine Würfel schneiden. Butter in einer großen Pfanne zerlassen. Zwiebelwürfel und Möhren darin andünsten.

2. Brühe hinzugießen und zum Kochen bringen. Die Möhren zugedeckt 8–10 Minuten garen. Möhren mit einer Schaumkelle herausnehmen und warm stellen.

3. Crème fraîche in die Brühe rühren, zum Kochen bringen und die Sauce etwas einkochen lassen. Kapern hinzufügen und die Sauce mit Salz, Pfeffer, Zucker und Zitronensaft abschmecken.

4. Kräuter unter die Sauce rühren. Ei pellen und in kleine Würfel schneiden. Die Möhren mit der Sauce auf einer vorgewärmten Platte anrichten und die Eierwürfel darauf verteilen.

Frühlings-Gemüse-Wähe

Genuss ganz ohne Fleisch

4 Portionen – Zubereitungszeit: 25 Minuten

Für den Belag:

150 g	Kohlrabi
150 g	Möhren
150 g	Zuckerschoten
250 ml	Gemüsebrühe

Für den Guss:

200 g	geriebener Gouda
1 Becher	
(150 g)	Crème fraîche
2	Eier (Größe M)
1–2 EL	Milch
1 TL	Speisestärke
	Salz
	frisch gemahlener Pfeffer

1 Pck.	Blätterteig aus dem Kühl-regal (Ø 32 cm, 230 g)

Zum Garnieren:

einige	
Stängel	Kerbel

Pro Portion:

E: 44 g, F: 84 g, Kh: 53 g, kJ: 4780, kcal: 1145

1. Den Backofen vorheizen. Kohlrabi schälen. Möhren putzen und schälen. Kohlrabi und Möhren waschen, abtropfen lassen und in dünne Scheiben schneiden. Von den Zuckerschoten die Enden abschneiden, die Schoten eventuell abfädeln, waschen und abtropfen lassen.

2. Gemüsebrühe zum Kochen bringen und die Gemüsesorten darin nacheinander jeweils 3 Minuten garen. Mit einem Schaumlöffel herausnehmen und auf einem Sieb gut abtropfen lassen.

3. Für den Guss Käse mit Crème fraîche, Eiern, Milch und Speisestärke verrühren. Guss mit Salz und Pfeffer abschmecken.

4. Den Blätterteig in eine Tarteform (Ø 28 cm, gefettet) legen. Etwa ein Drittel vom Guss auf den Teigboden geben und glatt streichen. Gemüse darauf verteilen und den restlichen Guss darauf geben. Die Form auf dem Rost im unteren Drittel in den vorgeheizten Backofen schieben.

Ober-/Unterhitze: etwa 200 °C
Heißluft: etwa 180 °C
Backzeit: 20–25 Minuten.

5. Kerbel abspülen, trocken tupfen und die Blättchen von den Stängeln zupfen. Die Frühlings-Gemüse-Wähe mit den Kerbelblättchen garniert warm servieren.

Tipp: Würzen Sie den Käse-Guss zusätzlich mit geriebener Muskatnuss.

Ricottaklößchen mit Spinat

Für die italienischen Momente

6 Portionen – Zubereitungszeit: 35 Minuten

35 Min.

1 kg	frischer Spinat
	Salz
300 g	Ricotta (italienischer Frischkäse)
1	Ei (Größe M)
50 g	frisch geriebener Parmesan
	geriebene Muskatnuss
250 g	Béchamelsauce (Tetra-Pak)
1 Dose	Pizzatomaten (400 g)

Pro Portion:

E: 13 g, F: 21 g, Kh: 4 g,
kJ: 1080, kcal: 259

1. Spinat putzen, gründlich waschen und in kochendem Salzwasser kurz blanchieren, bis er zusammengefallen ist. Spinat gut abtropfen lassen, ausdrücken und anschließend in eine Schüssel geben. Den Backofen vorheizen.

2. Ricotta, Ei und 30 g Parmesan hinzufügen und zu einem Teig verarbeiten. Mit Salz und Muskat würzen.

3. Aus der Masse mit angefeuchteten Händen etwa 24 Klößchen formen und in eine große, flache Auflaufform geben. Béchamelsauce darauf verteilen, so dass die Klößchen bedeckt sind. Jeweils in die Mitte etwas von den Pizzatomaten geben. Restlichen Parmesan daraufstreuen.

4. Die Form auf dem Rost in den vorgeheizten Backofen schieben.

Ober-/Unterhitze: etwa 180 °C
Heißluft: etwa 160 °C
Gratinierzeit: 5–10 Minuten.

5. Die Klößchen so lange gratinieren, bis sich eine leichte Kruste gebildet hat.

Kürbispuffer

Das schmeckt Kindern

4 Portionen – Zubereitungszeit: 30 Minuten

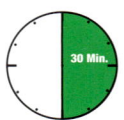

1/2–1 Bund	Koriander
300 g	Kürbisfruchtfleisch
200 g	Fetakäse
1–2	Knoblauchzehen
50 g	Maismehl
50 g	Weizenmehl
3	Eier (Größe M)
	Salz
	frisch gemahlener Pfeffer
6 EL	Speiseöl

Pro Portion:

E: 18 g, F: 29 g, Kh: 23 g,
kJ: 1820, kcal: 434

1. Koriander abspülen, trocken tupfen und die Blättchen von den Stängeln zupfen. Einige Blättchen zum Garnieren zurücklassen, die restlichen Blättchen klein schneiden. Kürbisfruchtfleisch auf der groben Seite einer Haushaltsreibe raspeln.

2. Die Hälfte des Käses in einer Schüssel mit einer Gabel zerdrücken. Knoblauch abziehen und durch die Presse hinzufügen.

3. Beide Mehlsorten, Eier, Kürbisraspel und Koriander dazugeben und alles zu einem Teig verrühren. Mit Salz und Pfeffer würzen.

4. Öl portionsweise in einer Pfanne erhitzen und aus dem Teig portionsweise 12 kleine Puffer braten. Die fertigen Puffer warm stellen.

5. Den restlichen Fetakäse zerkrümeln und über die Puffer streuen. Mit den zurückgelassenen Korianderblättern garnieren.

Beilage: Naturjoghurt oder Kräuter Crème fraîche.

Tipp: Die Puffer als Vorspeise oder kleines Gericht servieren. Zum Sattessen die Zutaten verdoppeln und einen Blattsalat dazureichen. Frischer Koriander ist sehr geschmacksintensiv, deshalb zuerst einen Probepuffer backen und die Koriandermenge dann eventuell erhöhen. Anstelle von Koriander können Sie auch Petersilie oder Dill verwenden.

...ratene Gnocchi mit Champignons

Etwas ausgefallener

4 Portionen – Zubereitungszeit: 30 Minuten

30 Min.

100 g	Kräuter, z. B. Brunnen-kresse oder Basilikum
2 Beutel	Gnocchi (etwa 800 g, aus dem Kühlregal)
300 g	braune, kleine Champignons
4	Roma- oder Fleisch-tomaten (etwa 400 g)
2	Knoblauchzehen
40 g	Butter
2 EL	Olivenöl
	Salz
	frisch gemahlener, bunter Pfeffer

Pro Portion:
E: 12 g, F: 14 g, Kh: 76 g,
kJ: 2025, kcal: 484

1. Kräuter verlesen, waschen, trocken tupfen und klein schneiden.

2. Gnocchi in kochendem Salzwasser etwa 2 Minuten blanchieren, anschließend auf einem Sieb abtropfen lassen.

3. Champignons putzen, mit Küchenpapier abreiben, eventuell abspülen, abtropfen lassen und in Scheiben schneiden. Tomaten waschen, trocken tupfen, halbieren, entkernen und die Stängelansätze entfernen. Tomatenhälften in Würfel schneiden. Knoblauch abziehen und durch eine Knoblauchpresse drücken oder in kleine Würfel schneiden.

4. Butter und Olivenöl in einer Pfanne erhitzen. Zuerst Champignonscheiben, dann Kräuter und zuletzt Gnocchi darin leicht anbraten. Mit Salz, Pfeffer und Knoblauch würzen. Tomatenwürfel unterheben.

Tipp: Anstelle von Brunnenkresse oder Basilikum kann auch Salbei verwendet werden. Eine breite Auswahl an Kräutern erhalten Sie auf dem Wochenmarkt, in gut sortierten Supermärkten oder im Bioladen.

Tintenfischringe mit Oliven

Einfach und unglaublich lecker

4 Portionen – Zubereitungszeit: 20 Minuten, ohne Auftau- und Durchziehzeit

400 g	TK-Tintenfischtuben
2	Knoblauchzehen
10	schwarze Oliven, ohne Stein
2 EL	Zitronensaft
1 Pck.	TK-Italienische Kräuter (25 g)
3 EL	Sojasauce
2 EL	Olivenöl
	Salz
	frisch gemahlener Pfeffer
2 EL	Chilisauce

Pro Portion:
E: 17 g, F: 11 g, Kh: 6 g,
kJ: 790, kcal: 188

1. Tintenfischtuben nach Packungsanleitung auftauen lassen.

2. Knoblauch abziehen und durch eine Knoblauchpresse drücken. Oliven achteln, mit Zitronensaft, Knoblauch und Kräutern mischen.

3. Tintenfischtuben unter fließendem kalten Wasser abspülen, trocken tupfen und in etwa 2 cm breite Ringe schneiden.

4. Tintenfischringe in eine Schüssel geben, mit Sojasauce mischen und etwa 30 Minuten durchziehen lassen.

5. Tintenfischringe auf einem Sieb abtropfen lassen. Olivenöl in einem Wok erhitzen. Die Tintenfischringe darin bei starker Hitze unter Rühren 3–5 Minuten braten.

6. Tintenfischringe mit der Kräuter-Oliven-Mischung vermengen, mit Salz, Pfeffer und Chilisauce abschmecken und servieren.

Beilage: Baguette mit Rucola-Salat. Dafür 2 Bund Rucola (Rauke) verlesen und Stiele abschneiden. Rucola abspülen und trocken schleudern. Für das Dressing 3–4 EL Balsamico-Essig mit 1 Teelöffel flüssigem Honig, Salz und Pfeffer verrühren. 6 Esslöffel Olivenöl unterschlagen. Rucola mit Dressing vermischen und mit 50 g gehobeltem Parmesan-Käse bestreuen.

Viktoriabarschpfanne mit Pak Choi

Für Gäste

4 Portionen – Zubereitungszeit: 30 Minuten

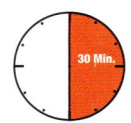

30 Min.

500 g	Viktoriabarsch-Filet
1 EL	China-Gewürzzuberei-tung
800 g	Pak Choi
3	Schalotten
20 g	Ingwer
100 g	Shiitake-Pilze
250 g	Mie-Nudeln (asiatische Instant-Nudeln)
6 EL	Erdnussöl
1 EL	Koriandergrün (aus dem Glas, Asialaden oder Spezialitätenabteilung im Supermarkt)
2 EL	Fischsauce
2 EL	Austernsauce

Pro Portion:

E: 33 g, F: 18 g, Kh: 54 g,
kJ: 2138, kcal: 509

1. Fischfilet unter fließendem kalten Wasser abspülen, trocken tupfen und in etwa 2 cm große Stücke schneiden. Die Fischstücke mit der China-Gewürzzubereitung bestreuen.

2. Pak Choi putzen und in einzelne Blätter zupfen. Die Blätter gründlich waschen und gut abtropfen lassen. Die Stängel von den Blättern schneiden. Stängel und Blätter jeweils getrennt in etwa 1 cm breite Streifen schneiden.

3. Schalotten abziehen. Ingwer schälen. Schalotten und Ingwer in feine Würfel schneiden. Shiitake-Pilze putzen, mit Küchenpapier abreiben und die dicken unteren Stiele entfernen oder die Stiele ganz herausdrehen. Die Pilze in Scheiben schneiden.

4. Mie-Nudeln nach Packungsanleitung zubereiten. Dann die Nudeln auf ein Sieb geben, kurz abspülen und abtropfen lassen.

5. Das Öl in einem Wok erhitzen. Die Fischstücke darin unter Rühren braten und dann aus dem Wok nehmen, warm stellen. Pak-Choi-Stängel und Pilze im Wok unter Rühren andünsten. Schalotten- und Ingwerwürfel unterrühren und kurz mitdünsten lassen. Anschließend die Pak-Choi-Blätter unterrühren.

6. Die Gemüsemischung mit Koriander, Fischsauce und Austernsauce würzen. Die Mie-Nudeln vorsichtig unterheben. Die Fischstücke in den Wok geben und die Viktoriabarschpfanne servieren.

Tipp: Statt Pak Choi kann auch Mangold verwendet werden.

Tandoori-Garnelen mit Spinat

Das schaffen auch Anfänger

4 Portionen – Zubereitungszeit: 30 Minuten

500 g	Garnelen ohne Schale
4 TL	Tandoori-Paste (Asialaden oder Spezialitätenregal im Supermarkt)
100 g	rote Zwiebeln
2	Knoblauchzehen
250 g	frischer Blattspinat
4 EL	Sojaöl
250 g	Joghurt (10 % Fett)

Pro Portion:
E: 29 g, F: 19 g, Kh: 6 g,
kJ: 1302, kcal: 311

1. Garnelen unter fließendem kalten Wasser abspülen, trocken tupfen und eventuell entdarmen. Garnelen mit der Tandoori-Paste vermischen.

2. Zwiebeln und Knoblauch abziehen und in feine Würfel schneiden. Spinat verlesen und die Stiele abschneiden. Spinatblätter waschen und abtropfen lassen. Salzwasser in einem Topf zum Kochen bringen und die Spinatblätter darin etwa 30 Sekunden blanchieren. Dann die Spinatblätter auf ein Sieb geben, mit kaltem Wasser abschrecken und gut abtropfen lassen.

3. Sojaöl in einem Wok erhitzen. Die Garnelen darin in etwa 2 Minuten unter Rühren anbraten. Zwiebel- und Knoblauchwürfel hinzufügen und kurz andünsten. Blattspinat hinzufügen, kurz unter Rühren erhitzen. Den Joghurt kurz unterheben oder extra zu den Tandoori-Garnelen mit Spinat servieren.

Beilage: Reisnudeln.

Tipp: Wenn der Joghurt untergerührt wird, darf er nur leicht erwärmt werden. Es kann auch aufgetauter TK-Blattspinat verwendet werden, aber frischer sieht einfach schöner aus.

Gebratener Chinakohl
Mit Alkohol

4 Portionen – Zubereitungszeit: 30 Minuten

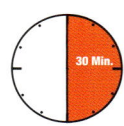 30 Min.

1	Chinakohl (etwa 1,3 kg)
1 Bund	Frühlingszwiebeln
2	Knoblauchzehen
2	rote Paprikaschoten
80 ml	Sherry
2 EL	Weißweinessig
75 ml	Orangensaft
3 EL	Sojasauce
1 TL	Sambal Oelek
1 EL	Speisestärke
6 EL	Erdnussöl
1–2 EL	dunkles Sesamöl
	Salz

Pro Portion:
E: 5 g, F: 20 g, Kh: 19 g,
kJ: 1270, kcal: 305

1. Von dem Chinakohl die äußeren welken Blätter entfernen. Chinakohl vierteln und den Strunk herausschneiden. Chinakohl abspülen, gut abtropfen lassen und in schmale Streifen schneiden.

2. Frühlingszwiebeln putzen, abspülen, abtropfen lassen und schräg in etwa 2 cm lange Stücke schneiden. Knoblauch abziehen und in feine Würfel schneiden. Paprikaschoten halbieren, entstielen, entkernen und die weißen Scheidewände entfernen. Schoten abspülen, abtropfen lassen in Streifen schneiden.

3. Sherry mit Weinessig, Orangensaft, Sojasauce, Sambal Oelek und Speisestärke verrühren.

4. Erdnussöl in einem Wok erhitzen. Zuerst die Chinakohlstreifen unter Rühren anbraten. Knoblauchwürfel, Paprikastreifen und Frühlingszwiebeln unterrühren. Die Sherrymischung hinzugießen, das Ganze kurz aufkochen lassen, mit Sesamöl und Salz abschmecken und servieren.

Beilage: Naturreis.

Gebratene Möhren-Gurken-Pfanne

Leichte Zubereitung und voll lecker

4 Portionen – Zubereitungszeit: 30 Minuten

1 kg	Möhren
1	Salatgurke
2	Porreestangen (Lauch)
20 g	frischer Ingwer
1 Bund	glatte Petersilie
50 g	Sonnenblumenkerne
6 EL	Sojaöl
200 ml	Gemüsebrühe
1 TL	Speisestärke
1 EL	kaltes Wasser
1 EL	brauner Zucker
	Salz
2 EL	helle Sojasauce

Pro Portion:
E: 9 g, F: 23 g, Kh: 20 g,
kJ: 1372, kcal: 328

1. Möhren putzen, schälen, abspülen, abtropfen lassen und in dünne Scheiben schneiden. Gurke abspülen und abtrocknen, die Enden abschneiden. Die Gurke längs vierteln, entkernen und in kleine dreieckige Stücke schneiden.

2. Porree putzen, die Stangen längs halbieren, gründlich waschen und abtropfen lassen. Porree in etwa 1 cm breite Stücke schneiden. Ingwer schälen und in feine Würfel schneiden.

3. Petersilie abspülen, trocken tupfen und die Blättchen von den Stängeln zupfen.

4. Die Sonnenblumenkerne in einem Wok ohne Fett goldbraun rösten, dann herausnehmen.

5. Das Öl in dem Wok erhitzen. Die Möhrenscheiben darin etwa 2 Minuten unter Rühren anbraten. Gurken und Ingwer zugeben, weitere 2 Minuten braten.

6. Porreestücke unterheben. Gemüsebrühe hinzugießen und das Ganze kurz aufkochen lassen.

7. Speisestärke mit kaltem Wasser anrühren und in die Möhren-Gurken-Pfanne einrühren. Die Möhren-Gurken-Pfanne mit Zucker, Salz und Sojasauce abschmecken, mit Sonnenblumenkernen und Petersilie bestreut servieren.

Beilage: Wildreismischung.

Tipp: Etwa 50 g getrocknete, gewürfelte Aprikosen oder Rosinen unter Punkt 6 mit unterrühren.

Gebratene Mie-Nudeln mit Putenstreifen

Das mögen Kinder

4 Portionen – Zubereitungszeit: 30 Minuten

30 Min.

etwa 15 g	getrocknete Mu-Err-Pilze
250 g	Mie-Nudeln (asiatische Instant-Nudeln)
300 g	Putenbrustschnitzel
1 EL	Austernsauce
1 TL	China-Gewürz-zubereitung
1 TL	gemahlener Kreuz-kümmel
1 TL	Speisestärke
250 g	Möhren
2	Porreestangen (Lauch)
6 EL	Sojaöl
2 EL	Sojasauce
1 EL	Sambal Sauce (feurig-scharf) oder 1/2 TL Sambal Oelek

Pro Portion:
E: 28 g, F: 17 g, Kh: 55 g,
kJ: 2032, kcal: 483

1. Mu-Err-Pilze nach Packungsanleitung einweichen. Mie-Nudeln nach Packungsanleitung zubereiten, dann auf ein Sieb geben und abtropfen lassen, nach Belieben mit einer Küchenschere in mundgerechte Stücke schneiden.

2. Die Putenschnitzel unter fließendem kalten Wasser abspülen, trocken tupfen und in dünne Streifen schneiden. Die Fleischstreifen mit Austernsauce, China-Gewürzzubereitung, Kreuzkümmel und Speisestärke vermischen.

3. Möhren putzen, schälen, abspülen, abtropfen lassen und in dünne Scheiben schneiden. Porree putzen, die Stangen längs halbieren, gründlich waschen und abtropfen lassen. Porree in etwa 1 cm lange Stücke schneiden. Mu-Err-Pilze abtropfen lassen, eventuell harte Stellen abschneiden und die Pilze in Streifen schneiden.

4. Etwa die Hälfte vom Öl im Wok erhitzen und die Nudeln darin kurz unter Rühren anbraten, dann herausnehmen und warm stellen. Restliches Öl im Wok erhitzen und die Fleischstreifen ebenfalls unter Rühren anbraten.

5. Möhrenscheiben hinzufügen und kurz mitbraten. Dann die Pilzstreifen und Porreestücke unterrühren und 1–2 Minuten mitgaren. Zum Schluss die Nudeln wieder in den Wok geben, kurz erwärmen, mit Sojasauce und Sambal Sauce oder Sambal Oelek abschmecken.

Currywurst de Luxe mit Garnelen

Viel besser als am Imbiss

4 Portionen – Zubereitungszeit: 20 Minuten, ohne Auftauzeit

etwa	
200 g	TK-Garnelen, ohne Schale
4	Rostbratwürste (je etwa 120 g)
2	Frühlingszwiebeln
1/2	rote Chilischote
1 EL	Olivenöl
300 ml	selbst gemachte Tomaten-Curry-Sauce
	Currypulver zum Bestäuben

Pro Portion:
E: 31 g, F: 39 g, Kh: 15 g,
kJ: 2230, kcal: 533

1. Garnelen nach Packungsanleitung auftauen lassen.

2. Bratwürste in Scheiben schneiden. Frühlingszwiebeln putzen, abspülen, abtropfen lassen und schräg in etwa 1 cm lange Stücke schneiden.

3. Chilihälfte entstielen, entkernen, abspülen, abtropfen lassen und in kleine Stücke schneiden.

4. Die Garnelen unter fließendem kalten Wasser abspülen und trocken tupfen. Große Garnelen halbieren.

5. Das Öl in einem Wok erhitzen. Die Bratwurstscheiben darin unter Rühren anbraten. Garnelen, Frühlingszwiebeln und Chili kurz unter Rühren mitbraten. Dann die Hitze reduzieren und die Tomaten-Curry-Sauce unterrühren.

6. Currywurst de Luxe in 4 Portionsschalen oder auf einer Platte anrichten, mit Currypulver bestäuben.

Tipp: Für eine selbst gemachte Tomaten-Curry-Sauce 100 ml Wasser in einen Topf geben. Je etwa knapp einen Viertel Teelöffel Currypulver und Zucker sowie eine Prise Paprikapulver rosenscharf und etwas Sambal Oelek unterrühren. Das Ganze zum Kochen bringen. Den Topf vom Herd nehmen. 200 g Tomatenketchup einrühren und die Sauce unter ständigem Rühren nochmals kurz aufkochen lassen. Sauce nochmals abschmecken.

Schweinefilet mit Gemüsestreifen und Zuckerschoten

So schmeckt es wie beim Chinesen

4 Portionen – Zubereitungszeit: 30 Minuten

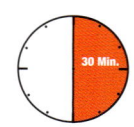

600 g	Schweinefilet
1 TL	gemahlenes Zitronengras
1 TL	Currypulver
1 TL	Salz
1 TL	Speisestärke
200 g	Zuckerschoten
200 g	Möhren
250 g	Champignons
1	Porreestange (Lauch)
4 EL	Speiseöl, z. B. Erdnussöl
	frisch gemahlener Pfeffer
etwa 2 EL	Sojasauce

Pro Portion:

E: 39 g, F: 13 g, Kh: 9 g,
kJ: 1312, kcal: 313

1. Das Schweinefilet unter fließendem kalten Wasser abspülen, trocken tupfen und eventuell Sehnen und Fett abschneiden. Filet der Länge nach halbieren und in dünne Scheiben schneiden. Das Fleisch mit Zitronengras, Curry, Salz und Speisestärke vermischen.

2. Von den Zuckerschoten die Enden abschneiden, die Schoten eventuell abfädeln, abspülen und abtropfen lassen. Möhren putzen, schälen, abspülen, abtropfen lassen und zuerst längs in dünne Scheiben, dann in feine Stifte schneiden.

3. Champignons putzen, mit Küchenpapier abreiben, eventuell abspülen, gut auf Küchenpapier abtropfen lassen und in Scheiben schneiden. Porree putzen. Die Stange längs einschneiden, gründlich waschen, abtropfen lassen und in feine Streifen schneiden.

4. Öl in einem Wok erhitzen und die Fleischscheiben darin anbraten. Zuerst die Möhren hinzufügen, dann Champignons und Zuckerschoten unter Rühren anbraten, zum Schluss Porree unterheben. Das Gericht mit Salz, Pfeffer und Sojasauce abschmecken und sofort servieren.

Beilage: Langkornreis.

Reispfanne mit Rinderfilet

Beliebt bei Kindern

4 Portionen – Zubereitungszeit: 30 Minuten

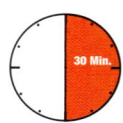

250 g	Langkornreis
400 g	Rinderfilet
10 g	Ingwer
	frisch gemahlener Pfeffer
300 g	Zuckerschoten
2 Bund	Frühlingszwiebeln
12	Cocktailtomaten
4 EL	Speiseöl, z. B. Erdnussöl
	Salz
1 EL	Currypulver

Pro Portion:
E: 30 g, F: 15 g, Kh: 68 g,
kJ: 2234, kcal: 533

1. Reis nach Packungsanleitung zubereiten und dann abtropfen lassen. Rinderfilet unter fließendem kalten Wasser abspülen, trocken tupfen und in etwa 1–2 cm große Würfel schneiden. Ingwer schälen und fein würfeln. Filetwürfel mit Pfeffer und Ingwer bestreuen und vermischen.

2. Von den Zuckerschoten die Enden abschneiden und die Schoten eventuell abfädeln. Frühlingszwiebeln putzen. Tomaten, Zuckerschoten und Frühlingszwiebeln abspülen und abtropfen lassen. Frühlingszwiebeln in etwa 1 cm lange Stücke schneiden.

3. Das Öl in einem Wok erhitzen. Filetwürfel darin unter Rühren anbraten, mit Salz würzen. Zuckerschoten und Frühlingszwiebelstücke hinzufügen und unter Rühren mitbraten.

4. Reis in den Wok geben, mit Currypulver unter die Filet-Gemüse-Mischung rühren und alles weitere etwa 2 Minuten erhitzen. Die Reispfanne mit Salz und Pfeffer abschmecken. Cocktailtomaten unterheben, kurz erwärmen und die Reispfanne servieren.

Knoblauch-Hähnchen aus dem Wok

Das mögen Kinder

4 Portionen – Zubereitungszeit: 30 Minuten, ohne Marinierzeit

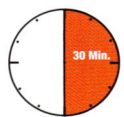

1 Bund	Frühlingszwiebeln
3	Knoblauchzehen
1 kleines Stück	frischer Ingwer
4 EL	Sojasauce
1 EL	Speiseöl, z. B. Sojaöl
1/4 TL	geschroteter Chili
300 g	Hähnchenbrustfilet
30 g	Cashewkerne
2	mittelgroße Möhren
1	Chinakohl (etwa 700 g)
1 EL	Speiseöl
200 g	Kirschtomaten
1–2 EL	Sojasauce
2–3 EL	Zitronensaft
	frisch gemahlener Pfeffer
1 Bund	Schnittlauch

Pro Portion:
E: 24 g; F: 9 g; Kh: 14 g;
kJ: 1001; kcal: 240

1. Frühlingszwiebeln putzen, waschen, abtropfen lassen. 2 Frühlingszwiebeln in Stücke schneiden. Knoblauch abziehen, Ingwer schälen und beides sehr fein hacken. Frühlingszwiebelstücke mit Sojasauce, Knoblauch, Ingwer, Öl und Chili mischen.

2. Hähnchenbrustfilet abspülen, trocken tupfen und in Streifen schneiden, mit der Marinade mischen und mindestens 2 Stunden durchziehen lassen.

3. Cashewkerne in einem Wok ohne Fett anrösten und herausnehmen. Restliche Frühlingszwiebeln ebenfalls in Stücke schneiden. Möhren putzen, schälen, waschen, abtropfen lassen und in feine Stifte schneiden. Chinakohl putzen, abspülen und in Streifen schneiden.

4. Filetstreifen aus der Marinade nehmen und trocken tupfen. Öl in einem Wok erhitzen und Hähnchenstreifen darin bei starker Hitze unter Wenden etwa 1 Minute braten. Frühlingszwiebeln, Möhren und Chinakohl dazugeben und alles unter Wenden bei starker Hitze etwa 5 Minuten braten.

5. Tomaten abspülen, abtrocknen und halbieren. Marinadeflüssigkeit mit den Frühlingszwiebeln in den Wok geben und weitere 3–4 Minuten unter Wenden bei starker Hitze braten. Zuletzt Tomatenhälften untermischen.

6. Knoblauch-Hähnchen mit Sojasauce, Zitronensaft und eventuell Pfeffer abschmecken. Schnittlauch abspülen, trocken tupfen und in Röllchen schneiden. Knoblauch-Hähnchen mit Schnittlauch und Cashewkernen anrichten und sofort servieren.

Lammfilet mit Fenchel und Pesto

Italien trifft asiatische Kochkunst

4 Portionen – Zubereitungszeit: 20 Minuten

8	Lammfilets
3 EL	Olivenöl
	Salz
	frisch gemahlener Pfeffer
2	mittelgroße Fenchelknollen
2	Bio-Orangen (unbehandelt)
1 TL	Fenchelsamen
1 kleines Glas	Pesto (Einwaage 130 g)
2–3 EL	Olivenöl

Pro Portion:

E: 44 g, F: 34 g, Kh: 13 g,
kJ: 2266, kcal: 533

1. Lammfilets unter fließendem kalten Wasser abspülen, mit Küchenpapier abtupfen und halbieren. 2 Esslöffel Öl in einem Wok erhitzen und die Filets darin rosa braten. Die Filets mit Salz und Pfeffer bestreuen, herausnehmen und warm stellen.

2. Von dem Fenchel das Fenchelgrün abzupfen und zum Garnieren beiseitelegen. Die Knollen putzen und Stiele und Wurzelenden abschneiden. Knollen waschen und quer in dünne Scheiben schneiden.

3. Orangen mit heißem Wasser abwaschen, abtrocknen, die Schale abreiben und den Saft auspressen.

4. Restliches Öl zum Bratöl in den Wok geben, erhitzen und die Fenchelscheiben portionsweise darin braten. Anschließend Fenchelscheiben aus dem Wok nehmen. Fenchelsamen und Orangenschale in den heißen Wok geben und sofort Orangensaft dazugießen. Den Saft auf etwa 4 Esslöffel Sud einkochen lassen.

5. Die Fenchelscheiben auf vier Tellern anrichten, mit dem Orangensud beträufeln und mit Salz und Pfeffer bestreuen. Die Lammfilets auf dem Fenchel verteilen und mit dem zurückgelegten Fenchelgrün garnieren. Pesto mit Olivenöl verrühren und das dünne Pesto darüber träufeln.

Tipp: Das Lammfilet mit Fenchel eignet sich sehr gut als Vorspeise. Richten Sie das Lammfilet zum Servieren mit Orangenfilets an.

Exotische Früchte mit Limettensauce
Leicht und lecker

4 Portionen –Zubereitungszeit: 30 Minuten

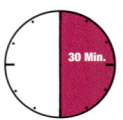

4	Bio-Limetten (unbehandelt)
2	kleine Bananen
2	Kiwis
1	Sternfrucht (Karambole)
1	Granatapfel
etwa 3 Stängel	Zitronenmelisse
1 EL	Butter
1 EL	Zucker

Für die Limettensauce:

80 g	Zucker
3	Eigelb (Größe M)
75 ml	Limettensaft
50 ml	Wasser

Pro Portion:
E: 4 g, F: 5 g, Kh: 41 g,
kJ: 998, kcal: 238

1. Limetten heiß abwaschen und abtrocknen. Von 1 Limette die Schale mit einem Sparschäler dünn abschälen, in feine Streifen schneiden oder mit einem Zestenreißer abziehen. Von 2 Limetten die Schale dünn abreiben. Alle Limetten halbieren und auspressen. 75 ml Limettensaft abmessen und beiseitestellen.

2. Bananen schälen, längs halbieren und mit Limettensaft beträufeln. Kiwis dünn schälen, Sternfrucht abspülen, trocken tupfen, beides in 1 cm dicke Scheiben schneiden.

3. Granatapfel mit einem Messer halbieren und die Kerne herauspulen. Zitronenmelisse abspülen, trocken tupfen und die Blättchen von den Stängeln zupfen. Einige Blättchen zum Garnieren beiseitelegen, die restlichen Blättchen in Streifen schneiden.

4. Butter und Zucker in einer großen Pfanne erhitzen, hell karamellisieren, Limettenschalenstreifen und das Obst nebeneinander hineinlegen, kurz von beiden Seiten garen und mit Zitronenmelisse bestreuen.

5. Für die Limettensauce in einem breiten Stieltopf Zucker, Eigelb, den abgemessenen Limettensaft, abgeriebene Limettenschale und Wasser mit einem Schneebesen verschlagen. Die Mischung bei mittlerer Hitze unter ständigem Rühren mit dem Schneebesen zu einer Schaumsauce aufschlagen, die Sauce darf dabei nicht kochen.

6. Limettensauce und Früchte auf 4 Tellern anrichten, mit Granatapfelkernen bestreuen und beiseitegelegten Zitronenmelisseblättchen garnieren.

Brombeerpfannkuchen mit weißer Schokoladensauce

Das schmeckt Kindern

4–6 Portionen – Zubereitungszeit: 25 Minuten

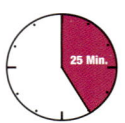

Für die Schokoladensauce:

100 g	weiße Kuvertüre
200 g	Schlagsahne

Für den Pfannkuchen:

250 g	Brombeeren
250 ml (¹/₄ l)	Milch
4	Eigelb (Größe M)
60 g	zerlassene, abgekühlte Butter
160 g	Weizenmehl
1	Vanilleschote
4	Eiweiß (Größe M)
1 Prise	Salz
2 EL	Zucker
25 g	Butter

Zum Bestäuben:

	Puderzucker

Zum Garnieren:

etwas	Zitronenverbene oder Minze

Pro Portion:

E: 13 g, F: 41 g, Kh: 48 g,
kJ: 2641, kcal: 631

1. Für die Sauce Kuvertüre in grobe Stücke schneiden. Sahne in einem kleinen Topf bei mittlerer Hitze erwärmen (nicht kochen) und Kuvertürestücke darin unter Rühren schmelzen. Die Sauce warm oder kalt zu dem Pfannkuchen servieren. Den Backofen vorheizen.

2. Für den Pfannkuchen Brombeeren putzen, abspülen und trocken tupfen. Milch, Eigelb und Butter verrühren. Mehl sieben und nach und nach mit einem Schneebesen unter die Eigelbmilch rühren. Vanilleschote aufschneiden, das Mark herauskratzen und unter den Teig rühren. Eiweiß mit Salz steifschlagen. Zucker nach und nach unter den Eischnee schlagen. Eischnee vorsichtig unter den Teig heben.

3. Butter in einer ofenfesten Pfanne (Ø etwa 28 cm) zerlassen. Den Teig hineingeben und die Brombeeren (einige Brombeeren zum Garnieren beiseitelegen) darauf verteilen. Die Pfanne auf dem Rost in den vorgeheizten Backofen schieben.

Ober-/Unterhitze: etwa 180 °C
Heißluft: etwa 160 °C
Backzeit: etwa 15 Minuten.

4. Die Pfanne aus dem Backofen nehmen. Den Pfannkuchen auf einen großen Teller stürzen, sofort in Tortenstücke schneiden und auf Desserttellern anrichten. Mit Puderzucker bestäuben.

5. Die Schokoladensauce angießen. Den Pfannkuchen mit den beiseitegelegten Brombeeren und Zitronenverbene oder Minze garnieren.

Mascarponebecher

Für Gäste – mit Alkohol

4 Portionen – Zubereitungszeit: 20 Minuten

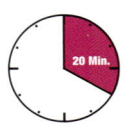

20 Min.

400 g	Mascarpone
	Schale und Saft von
1/2	Bio-Zitrone
	(unbehandelt)
2	Eigelb (Größe M)
100 g	Zucker
2	Eiweiß (Größe M)
300 g	frische Erdbeeren
20 ml	Orangenlikör

Zum Garnieren:

einige	Pistazienkerne
	Zitronenmelisseblättchen

Pro Portion:

E: 8 g, F: 46 g, Kh: 39 g,
kJ: 2855, kcal: 637

1. Mascarpone mit Zitronenschale, -saft, Eigelb und 80 g Zucker mit Schneebesen oder Handrührgerät mit Rührbesen sehr cremig rühren. Eiweiß steifschlagen und unterheben.

2. Erdbeeren waschen, abtropfen lassen, putzen und halbieren. Erdbeerhälften mit restlichem Zucker und Orangenlikör vermischen.

3. Die Hälfte der Erdbeeren in 4 Becher geben und die Hälfte der Mascarponecreme daraufgeben. Dann restliche Erdbeeren darauflegen und restliche Mascarponecreme darauf verteilen.

4. In die Mitte jedes Bechers einen Pistazienkern und ein Zitronenmelisseblättchen legen.

Tipp: Nur ganz frische Eier verwenden, die nicht älter als 5 Tage sind (Legedatum beachten!). Der Mascarponebecher kann auch ohne Eier zubereitet werden. Dann zuletzt 250 g steifgeschlagene Schlagsahne unterheben. Die Hälfte der Mascarpone durch Speisequark (Magerstufe) ersetzen.

Exotischer Obstsalat

Raffiniert und gut vorzubereiten

4 Portionen – Zubereitungszeit: 30 Minuten, ohne Kühlzeit

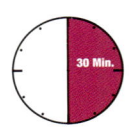

1	Papaya (etwa 350 g)
1	Baby-Ananas
2	Kiwis
1/2	Galiamelone
1	rosa Grapefruit
1	Granatapfel
1 EL	Zucker

Für die Zitronensauce:

1 Becher	
(150 g)	Crème fraîche
2–3 EL	Milch
1 EL	Zucker
	Saft von
1	Zitrone
1 EL	gehackte Zitronenmelisse

Pro Portion:

E: 2 g, F: 12 g, Kh: 46 g,
kJ: 1344, kcal: 323

1. Papaya längs halbieren und die Kerne mit einem Teelöffel herauslösen. Die Schale vom Fruchtfleisch schälen und das Fruchtfleisch in kleine Stücke schneiden. Von der Ananas Schopf mit Stielansatz und dem obersten Stück Schale abschneiden, die Frucht der Länge nach halbieren und vierteln, von jedem Viertel den inneren Strunk entfernen. Die Frucht mit einem Messer schälen und in kleine Würfel schneiden.

2. Kiwis schälen. Melone entkernen und schälen. Kiwi- und Melonenfruchtfleisch klein schneiden. Grapefruit so schälen, dass die weiße Haut vollständig entfernt wird. Fruchtfleisch herausschneiden und halbieren. Granatapfel quer halbieren und Kerne herauslösen. Alle Obstsorten mit dem Zucker vermengen und zugedeckt etwa 1 Stunde kalt stellen.

3. Für die Zitronensauce Crème fraîche mit Milch, Zucker, Zitronensaft und -melisse verrühren. Die Sauce zum Obstsalat servieren.

Beeren-Ananas-Salat

Zum Mitnehmen geeignet

2 Portionen – Zubereitungszeit: 10 Minuten

	Saft von
1	Zitrone
1 EL	flüssiger Honig
1 Msp.	gemahlener Zimt
2	Bananen (je 150 g)
200 g	frisches Ananas-fruchtfleisch
150 g	TK-Beerencocktail
2	Vollkornreiswaffeln (je 12 g)

1. Zitronensaft mit Honig und Zimt verrühren. Bananen schälen, in dünne Scheiben schneiden und mit der Zitronensaftmischung verrühren.

2. Ananasfruchtfleisch in kleine Stücke schneiden und mit den gefrorenen Beeren unterheben. Den Salat mindestens 30 Minuten durchziehen lassen. Dazu die Reiswaffeln reichen.

Tipp: Dieser Salat schmeckt am besten, wenn er Zeit zum Durchziehen hat und eignet sich deshalb gut zum Mitnehmen.

Pro Portion:
E: 4 g, F: 1 g, Kh: 57 g,
kJ: 1118, kcal: 267

Snacks

Aufschnitt in
  Radieschen-Vinaigrette 12
Austernpilz-Avocado-Carpaccio 10
Französisches Landbrot mit
  Lachstatar 16
Knoblauchschnittchen mit
  Garnelen 18
Olivencocktail 14
Pilz-Bruschetta 22
Räucherlachs-Früchte-Spießchen . . . 8
Zwiebelkuchen-Häppchen 20

Salate

Amerikanischer Salat 40
Asiatischer Roastbeef-Gurken-Salat 54
Bunter Feldsalat mit Grapefruit 44
Eiersalat mit warmem
  Speck-Dressing 36
Eisberg-Camembert-Salat mit
  Joghurt-Senf-Dressing 32
Endivien-Melonen-Salat mit
  Zanderfilet 56
Griechischer Bauernsalat 42
Harzer-Käse-Salat mit
  Curry-Vinaigrette 30
Käsesalat mit Putenbrust 26
Möhren-Mozzarella-Salat 24
Pikanter Käsesalat 28
Roastbeef-Gemüse-Salat 52
Rucola mit Parmesan 34
Salat mit Hähnchenstreifen 48
Schneller Rote-Bete-Salat 50
Spinatsalat in
  Grüne-Sauce-Dressing 58
Spitzkohlsalat mit Souflaki 46
Tomaten-Zwiebel-Salat 38

Suppen

Brokkolicremesuppe 88
Brokkoli-Käse-Suppe 70
Exotisches Currysüppchen 62
Fadennudel-Suppe 84

Fenchel-Zitronen-Suppe mit Lachs . 68
Fischsuppe 82
Gemüsesuppe mit Ei und Käse 74
Kokossuppe mit Huhn und
  Koriander 66
Lauchcremesuppe mit Schinken . . . 64
Löffelkrautsuppe mit Lachs 90
Möhrensuppe mit roten Linsen
  und Minze 60
Porreecremesuppe mit
  Hackfleisch 86
Schnelles Spargelsüppchen 92
Spargelschaumsuppe von
  grünem Spargel 80
Spinatcremesuppe mit
  Räucherforelle 94
Spinatsuppe 78
Würzige Kartoffel-Bohnen-Suppe . . 76
Zucchini-Käse-Suppe 72

Fleisch

Angebratenes Tatar vom Rind 106
Filetsteak Mustard 104
Filetsteaks mit Austernpilzen 100
Gebratene Leber 112
Gegrillte Lammrückenfilets 122
Kalbsleber in
  Balsamico-Oregano-Sauce 116
Kalbsmedaillons in Gorgonzola 108
Kalbsmedaillons in Portweinsauce . 110
Kalbsragout mit Austernpilzen 114
Kalbsröllchen mit
  Roquefort-Sauce 120
Kräuterrouladen mit Möhren 130
Lamm-Piccata mit Austernpilzen . . . 126
Lammrückenfilets über Minze
  gedämpft 124
Lammsteaks mit Orangensauce 128
Rinderfilet „Lukullus" 102
Rumpsteaks mit gedünsteten
  Schalotten 96
Rumpsteaks mit Zwiebeln 98
Saltimbocca alla romana 118

Geflügel

Bunte Hähnchenpfanne 142
Grüner Spargel mit
    gebratenem Hähnchen 136
Hähnchenfilet auf buntem
    Gemüse 132
Hähnchen-Paella 138
Hähnchenschnitzel mit
    Jägerchampignons 140
Putencurry mit Mango 134

Fisch

Doppeltes Fischfilet 162
Fischfilet auf mediterranem
    Gemüse 168
Fischfilet mit Zitronenthymian 154
Forellen „Müllerin" 152
Gegrilltes Fischfilet, in Curry
    mariniert 150
Gespicktes Doradenfilet 148
Kabeljau in Senfsauce 158
Lachs mit grüner Sauce 146
Lachs-Mangold-Pfanne 164
Schollen „Büsumer Art" 156
Viktoriabarsch unter der
    Kräuterkruste 172
Wels nach Cajun Art 170
Zander nach Badischer Art 160
Zanderfilet mit
    Zitronen-Kapern-Butter 144
Zucchini-Fisch-Ragout 166

Pasta

Bandnudeln mit grüner
    Spargelsauce 184
Bandnudeln mit Lachs und
    Tomaten 180
Bandnudeln mit
    Rucola-Tomaten-Sauce 186
Bandnudeln mit Zucchini-
    Tomaten-Sauce 176
Makkaroni in Thunfischsauce 182
Makkaroni mit Schafskäsesauce . . . 190

Penne mit Hühnerleber 174
Spaghetti mit Tomaten-
    Muschel-Sauce 178
Spaghetti mit Ziegenfrischkäse-
    sauce *(Titelrezept)* 188

Gemüse

Frühlings-Gemüse-Wähe 196
Gebratene Gnocchi mit
    Champignons 202
Gebratener Spargel 192
Kürbispuffer 200
Möhren mit Kräutersauce 194
Ricottaklößchen mit Spinat 198

Wok

Currywurst de Luxe mit Garnelen . . 216
Gebratene Mie-Nudeln mit
    Putenstreifen 214
Gebratene Möhren-
    Gurken-Pfanne 212
Gebratener Chinakohl 210
Knoblauch-Hähnchen
    aus dem Wok 222
Lammfilet mit Fenchel und Pesto . . . 224
Reispfanne mit Rinderfilet 220
Schweinefilet mit Gemüsestreifen
    und Zuckerschoten 218
Tandoori-Garnelen mit Spinat 208
Tintenfischringe mit Oliven 204
Viktoriabarschpfanne mit
    Pak Choi 206

Desserts

Beeren-Ananas-Salat 234
Brombeerpfannkuchen mit
    weißer Schokoladensauce 228
Exotische Früchte mit
    Limettensauce 226
Exotischer Obstsalat 232
Mascarponebecher 230

A/B

Amerikanischer Salat 40
Angebratenes Tatar vom Rind 106
Asiatischer Roastbeef-
    Gurken-Salat. 54
Aufschnitt in
    Radieschen-Vinaigrette. 12
Austernpilz-Avocado-Carpaccio . . . 10
Bandnudeln mit grüner
    Spargelsauce. 184
Bandnudeln mit Lachs
    und Tomaten. 180
Bandnudeln mit Rucola-
    Tomaten-Sauce 186
Bandnudeln mit Zucchini-
    Tomaten-Sauce 176
Beeren-Ananas-Salat 234
Brokkolicremesuppe. 88
Brokkoli-Käse-Suppe. 70
Brombeerpfannkuchen mit
    weißer Schokoladensauce 228
Bunte Hähnchenpfanne 142
Bunter Feldsalat mit Grapefruit . . . 44

C/D/E

Currywurst de Luxe mit Garnelen . 216
Doppeltes Fischfilet. 162
Eiersalat mit warmem
    Speck-Dressing. 36
Eisberg-Camembert-Salat mit
    Joghurt-Senf-Dressing. 32
Endivien-Melonen-Salat mit
    Zanderfilet. 56
Exotische Früchte mit
    Limettensauce 226
Exotischer Obstsalat 232
Exotisches Currysüppchen 62

F

Fadennudel-Suppe 84
Fenchel-Zitronen-Suppe mit Lachs 68
Filetsteak Mustard. 104
Filetsteaks mit Austernpilzen 100

Fischfilet auf mediterranem
    Gemüse. 168
Fischfilet mit Zitronenthymian. . . . 154
Fischsuppe 82
Forellen „Müllerin" 152
Französisches Landbrot mit
    Lachstatar 16
Frühlings-Gemüse-Wähe 196

G

Gebratene Gnocchi mit
    Champignons. 202
Gebratene Leber. 112
Gebratene Mie-Nudeln mit
    Putenstreifen 214
Gebratene Möhren-Gurken-Pfanne 212
Gebratener Chinakohl 210
Gebratener Spargel 192
Gegrillte Lammrückenfilets 122
Gegrilltes Fischfilet, in Curry
    mariniert 150
Gemüsesuppe mit Ei und Käse 74
Gespicktes Doradenfilet 148
Griechischer Bauernsalat 42
Grüner Spargel mit gebratenem
    Hähnchen. 136

H/K

Hähnchenfilet auf buntem
    Gemüse. 132
Hähnchen-Paella 138
Hähnchenschnitzel mit
    Jägerchampignons 140
Harzer-Käse-Salat mit
    Curry-Vinaigrette 30
Kabeljau in Senfsauce 158
Kalbsleber in
    Balsamico-Oregano-Sauce. 116
Kalbsmedaillons in Gorgonzola . . . 108
Kalbsmedaillons in Portweinsauce 110
Kalbsragout mit Austernpilzen. . . . 114
Kalbsröllchen mit
    Roquefort-Sauce 120

Käsesalat mit Putenbrust   26
Knoblauch-Hähnchen
   aus dem Wok   222
Knoblauchschnittchen
   mit Garnelen.   18
Kokossuppe mit Huhn
   und Koriander   66
Kräuterrouladen mit Möhren   130
Kürbispuffer.   200

L

Lachs mit grüner Sauce   146
Lachs-Mangold-Pfanne   164
Lammfilet mit Fenchel und Pesto. .   224
Lamm-Piccata mit Austernpilzen. .   126
Lammrückenfilets über
   Minze gedämpft   124
Lammsteaks mit Orangensauce. . .   128
Lauchcremesuppe mit Schinken . .   64
Löffelkrautsuppe mit Lachs   90
Makkaroni in Thunfischsauce   182
Makkaroni mit Schafskäsesauce. . .   190
Mascarponebecher   230
Möhren mit Kräutersauce   194
Möhren-Mozzarella-Salat   24
Möhrensuppe mit roten Linsen
   und Minze   60

O/P

Olivencocktail   14
Penne mit Hühnerleber.   174
Pikanter Käsesalat   28
Pilz-Bruschetta   22
Porreecremesuppe mit Hackfleisch   86
Putencurry mit Mango   134

R

Räucherlachs-Früchte-Spießchen. .   8
Reispfanne mit Rinderfilet   220
Ricottaklößchen mit Spinat   198
Rinderfilet „Lukullus".   102
Roastbeef-Gemüse-Salat.   52
Rucola mit Parmesan   34

Rumpsteaks mit gedünsteten
   Schalotten   96
Rumpsteaks mit Zwiebeln   98

S

Salat mit Hähnchenstreifen.   48
Saltimbocca alla romana   118
Schneller Rote-Bete-Salat   50
Schnelles Spargelsüppchen   92
Schollen „Büsumer Art".   156
Schweinefilet mit Gemüsestreifen
   und Zuckerschoten.   218
Spaghetti mit Tomaten-
   Muschel-Sauce.   178
Spaghetti mit Ziegenfrischkäse-
   sauce *(Titelrezept)*   188
Spargelschaumsuppe von
   grünem Spargel.   80
Spinatcremesuppe mit
   Räucherforelle   94
Spinatsalat in Grüne-
   Sauce-Dressing.   58
Spinatsuppe   78
Spitzkohlsalat mit Souflaki.   46

T/V

Tandoori-Garnelen mit Spinat   208
Tintenfischringe mit Oliven   204
Tomaten-Zwiebel-Salat   38
Viktoriabarsch unter der
   Kräuterkruste   172
Viktoriabarschpfanne mit
   Pak Choi   206

W/Z

Wels nach Cajun Art   170
Würzige Kartoffel-Bohnen-Suppe .   76
Zander nach Badischer Art   160
Zanderfilet mit Zitronen-
   Kapern-Butter.   144
Zucchini-Fisch-Ragout   166
Zucchini-Käse-Suppe   72
Zwiebelkuchen-Häppchen   20

Für Fragen, Vorschläge oder Anregungen steht Ihnen der Verbraucher-
service der Dr. Oetker Versuchsküche Telefon: 00800 71727374
Mo.-Fr. 8:00–18:00 Uhr, Sa. 9:00–15:00 Uhr (gebührenfrei, die
Telefonnummer ist nur innerhalb Deutschlands erreichbar)
oder die Mitarbeiter des Dr. Oetker Verlages Telefon: +49 (0) 521 520658
Mo.–Fr. 9:00–15:00 Uhr zur Verfügung.

Oder schreiben Sie uns:
Dr. Oetker Verlag KG, Am Bach 11, 33602 Bielefeld oder besuchen Sie uns
im Internet unter www.oetker-verlag.de oder www.oetker.de

Umwelthinweis   Dieses Buch und der Einband wurden auf chlorfrei gebleichtem Papier
gedruckt. Die Einschrumpffolie – zum Schutz vor Verschmutzung – ist aus
umweltfreundlichem und recyclingfähigem PE-Material.

Copyright   © 2008 by Dr. Oetker Verlag KG, Bielefeld

Redaktion   Jasmin Gromzik, Miriam Krampitz

Titelfoto   Hans-Joachim Schmidt, Hamburg
Innenfotos   Walter Cimbal, Hamburg (S. 115)
Fotostudio Diercks, Hamburg (S. 11, 13, 21, 39, 41, 59, 63, 67, 69, 75, 77, 81, 89, 91,
97–113, 117, 119, 123, 125, 127, 131, 137, 145–161, 171, 173, 177, 179, 181, 187, 193, 199, 201,
203, 223–231)
Ulli Hartmann, Halle/Westf. (S. 35, 71, 73, 95, 139, 217)
Bernd Lippert (S. 93)
Antje Plewinski, Berlin (S. 121, 133, 139, 167, 169, 205–215, 219)
Hans-Joachim Schmidt, Hamburg (S. 9, 15, 23, 25, 29, 31, 33, 37, 45, 47, 49, 55, 57,
61, 65, 79, 83, 85, 87, 165, 175, 185, 189, 191, 233, 235)
Axel Struwe, Bielefeld (S. 17, 19)
Ulrich Toelle, Bielefeld (S. 195)
Brigitte Wegner, Bielefeld (S. 27, 43, 51, 53, 129, 135, 141, 143, 163, 183, 197, 221)

Titelgestaltung   kontur:design, Bielefeld
Grafisches Konzept   kontur:design, Bielefeld
Satz   MDH Haselhorst, Bielefeld
Gestaltung   MDH Haselhorst, Bielefeld
Druck und Bindung   Firmengruppe APPL, aprinta druck, Wemding

ISBN: 978-3-7670-0982-0